U0096502

李逸強、李姿穎 著

翻轉吧！

房仲菜鳥

10條A追蹤線
6組A買
3件個人主推

唯一講究房屋仲介業A＋的實務工具書

推薦序1

　　對我而言，房屋仲介這產業是完全陌生，但當姿穎邀請我替她的新書寫序，我一口就答應了，原因無他，只要是我教過又肯上進的學生都值得肯定與鼓勵。姿穎事業有成十分忙碌，但認真向學，善用每周末的時間就讀於逢甲大學商學博士班，也正因授課的關係，結了師生的緣分。

　　今日她將多年從事房仲業的心得，寫成文字把理論與實務結合供眾人分享，是經營也是公益。嘉許之餘，特為短序是為祝福！

逢甲大學董事長

高承恕

2020夏

推薦序2

換位思考

　　與強協理接觸時隨時能感染到他與眾不同的熱忱、真懇，並懂得「傾聽」客戶真正在意的需求，這在仲介業中真的是很難得的人才，我曾經遇過很糟糕的仲介也不管我的需求只是一股腦把他認為是好案子拚命塞給我，也曾經因為這樣一度不想再跟仲介往來，但強協理就是不一樣他會站在對方立場「換位思考」，幫對方找到解決方法。

　　我從醫幾十年閱讀此本書後，有如打通中醫十二條經絡與任督二脈，讓我真正認識房仲產業的生態，了解當一個房仲業務，需學習十八般武藝外，及超標的服務品質，還有不為人知辛苦的一面。

　　這本《翻轉吧！房仲菜鳥》有許多筆者在房仲業十幾年工作累積各項能力與實例經驗，以圖文並茂的新思維，完整的整理出一套脈絡與規則，是一本化複雜為簡單，且

生活化作業模式的工具書，讓有心加入房仲業的年輕人無疑是一本好書，且有很大的啟發，能幫助年輕人在職場裡找到真正自我能力的方法。

　　在本書中也有很多實際的案例及屋主與買方的真正需求，值得讀者好好的品味，期待本書能揭開房仲業入門的神祕面紗。

中南海國際集團總裁
順元開發股份有限公司總裁
璽妃名媛醫美診所負責醫師
賜安中醫診所負責醫師

巫國想

　　感謝逢甲大學商學院107博士班李姿穎學姐，讓我有機會率先拜讀《翻轉吧！房仲菜鳥》，在讀完這本書之後，深感此書盡是金玉良言、擲地有聲！

　　當家團隊強協理及姿穎協理兩人，對於新進房仲菜鳥人員的用心，皆以教導實務為本，關心客戶、專業把關、誠實以對、不隱短揚長、服務用心，對於買賣雙方的需求與期待，均能事先分析與溝通，再以買賣雙方最大利益為前提來成交，讓業務人員能用充足的訊息進行撮合，因此物件總能在短期內順利冒泡，雙方皆大歡喜自然仲介費就滾滾而來。

　　本書作者以深入淺出的多個實際案例，打造出菜鳥房仲，如何快速達到成功的夢想，以及案子失敗後如何去調適心態，招招都是蹲馬步、練對打的基本功，只要房仲菜鳥能熟讀此書，必能快速達成業績，而且不管任何行業的

業務人員都可善用此書來達成任務。

　　也希望此書之出刊，能透過當家團隊強協理與姿穎協理的不藏私，能夠造福房仲新進人員更快深入了解房仲業的生態，也更能縮短房仲菜鳥的冒泡時間，智者說過能為大眾謀福利者，必能獲得大眾之利益，祝福當家團隊業績長紅、財源廣進。

金軒建設總經理

賴昇克

推薦序4

　　本書作者李逸強，是當家團隊的創辦人，以自己從事房仲業多年的經驗，以及多年來對市場的領悟及研究，教導房仲菜鳥在這個行業，如何可以很快的翻轉，從菜鳥晉升為房仲界的王牌。

　　作者結合了行銷理論以及十幾年在房仲業的實戰經驗，配合很多實際的案例；以簡單的文字，深入淺出的教導後進，在房仲的過程中如何能讓買方覺得開心，屋主賣得高興，業務得到合理的報酬，進而創造三贏的局面。

　　房仲業與醫療業一樣，都屬服務業，服務的對象都是「人」，既然對象是「人」，就得用「心」去經營，建立好人際關係，跟客戶博感情，同時要具備同理心，去瞭解客戶的需求，竭盡所能去滿足買方及賣方的要求，這個過程需要講究溝通的技巧，作者在這方面都有很多的著墨，如此才可以大大提高成交的機率。

當然，要達到成交的目標，房仲的經驗最為重要，本書作者李逸強，可說是房仲界的前輩，他不吝將累積十幾年的實戰經驗及心得寫成此唯一房仲業的實務工具書，其精神難能可貴。房仲菜鳥應該好好把握，可以透過閱讀、鑽研此書，直接踏進房仲大門，真是入門者的最大福音。相信只要大家腳踏實地，一步一腳印，按部就班，跟著前人的腳步前進，一定可以在這個行業闖出一片天。

澄清醫院中港分院骨科主任

林進盛

推薦序5

　　對強協理的第一印象便是熱情積極，充滿幹勁，有機會合作時，更感受到強協理鍥而不捨地滿足買賣雙方的精神，即使一開始雙方對交易條件等看法差異很大，強協理仍耐心地居中協調，化解買賣雙方的疑慮，促成案件成交，展現出的經驗、技巧、同理心著實難得，2020第一季新冠肺炎全球剛爆發時，消費者人心惶惶，看屋人數連帶受影響下滑嚴重，與強協理聊到此艱困環境時，強協理仍對未來充滿信心，景氣起起伏伏，做好基本功，難關總會過去，正向的心更是讓人印象深刻，我想這就是將書中所說的觀念「在遇到困難時需：自我激勵、自我轉換、自我調節」，落實於現實很好的一個例子。

　　莎士比亞曾說：「經驗是一顆寶石，那是理所當然的，因為它常付出極大的代價得來。」實務經驗對每一位工作者來說都是得來不易且非常寶貴的，學術理論如何與

實務結合更是職業生涯中必然面對的挑戰，強協理以自己多年的寶貴經驗寫了這本書，無疑是給初入此行的朋友們提供了一本非常實用的「領路書」。本書從初入行的撞牆期，談到各階段的心態問題，從每日基本功談到時間管理，並分享了處理事情的優先順序、客戶的種類、買賣雙方的想法問題、開發，面談技巧等等的豐富見解，讓人獲益良多。本書談心態，也講實務，講架構，也教細節，這些寶貴經驗們無疑是經過長時間的累積才能領悟出來的，得來不易，不只是給初入行房仲的工具書，更是給在不動產業界努力的我們提供了很好的提醒及省思。

　　就像強協理說的仲介一座寶山，優秀的同業先進本身就是一座寶山，希望每一位朋友都能在此書中「入寶山，滿載而歸」。

喜全建設

郭全凱

　　這是一本對仲介新鮮人很好的入門閱讀書籍，作者分享了多年的寶貴實戰經驗與提出了一些可操作的務實致用技巧，真佩服強協理願意無私地分享這麼多年所累積的寶貴實戰經驗，也給了後輩有志之士一條快速有效的入門捷徑，縮減了新鮮人好多的摸索與撞牆時間。

　　書中有系統地分享有志者進入仲介市場可能碰到的常見難題、如何累積各類型客戶、買賣雙方關心的話題、促進成交的基本技巧以及如何為自己訂定衝出好業績的目標，最後，甚至提出了仲介變房東的經驗話題，內容精采絕倫，有系統又市場性十足。

　　一切以顧客價值（Customer Value）為中心，這是行銷管理教科書的核心精髓。強協理書中精彩的實戰內容，個人特別喜歡成交基本技巧「無招」這單元，放下所有的話術動作**「真心誠意」**對待我們的顧客，這種以顧客價值為

中心的邏輯思維，也散布在整本書中的其他各個實戰分享單元。

　　成功總有理由，認識強協理也有十餘年，從新鮮人到目前業內鼎鼎有名的仲介經理人，書中內容及案例分享，班班可考，個人也可說是見證了他十餘年來整個努力奮鬥的成功歷程。古云「經驗是良師」，對身經百戰者所寫下的書籍，將會是指引有志從事仲介朋友們，一條成功可行的道路。

國立台北大學企業管理博士
僑光科技大學企管系副教授
顥業國際有限公司總經理

陳高貌

莫忘初心

認識強協理與姿穎協理也有二十餘年，看著他們從初入社會一路走來到目前業內鼎鼎有名的仲介經理人，真的是見證了他們整個努力奮鬥成功的心路歷程。作者的品德一像高調處事，低調做人，雖然事業經營成功，但內心從來沒有忘記自己最衷的初心，這是最難得可貴的一點。

書中精彩內容及案例分享，我們不難看出這本書的作者是真的用自己親身自我鍛鍊的經歷去實踐事業藍圖，這是一本值得所有不動產界的實業家與即將進入房仲業的新鮮人所閱讀的一本好書。

老子說：「勝人者有力。」又說「自勝者強」。

「**力**」就是一種力量，能力、體力、才力、智力……，書中所提到的都是房仲業無窮的力量。「**強**」是指真正的強者，不在於贏過別人；而在於戰勝自己。

最大的敵人，就是你自己。克制我心狂野，才是真正的強者。

這本流動著正面力量的書，給出了道家式的生命智慧。

總之這本《翻轉吧！房仲菜鳥》應該是針對不動產業從業人士很具說服力的，相信能幫助更多的人，創造更好的人生，我會介紹更多人來看這本書。

紫禁城精品汽車旅館董事長
台中生物科技有限公司董事長
楊建城

作者序1／李逸強

　　「庄腳來A、台灣囝仔」，因熱愛運動，就學時期參加學校田徑隊，藉由鍛鍊體能，身心亦培養出運動家精神「勝不驕、敗不餒」，求學階段一路順遂，直到就業後第五年後仍感所學不足，便利用晚上時間進修夜二技，順利取得大學文憑，在夜二技進修期間仍擔任銀行消金部門業務襄理，業績為全國年度TOP20風雲人物，年收入200萬以上，但仍覺得想要追求更大挑戰，所以在業務生涯高峰選擇轉換跑道，進入房地產業成為仲介業務，一路走來，從仲介菜鳥到年度TOP店店長，並累積出人生第一桶金。累積成交超過百筆店面、土地、豪宅，拿下全國年度TOP店後，仍然覺得在業界有

所不足，深怕不進則退，故毅然決然選擇離開舒適圈，單槍匹馬出來創立當家團隊，期許自己能再創高峰。

本書的誕生也算是因緣際會下的產物，去年在一次內部的教育訓練中，有一位新人忽然站起來眼神專注且認真的表情對我說：「強協理，你教學的內容太精彩，都可以出書了，為何不出書？把這些豐富實戰的經驗都分享給房仲業的業務們，相信會嘉惠更多從事房仲業的人。」這一語點醒夢中人，然而這些看似不可能的事竟然就發生了，人生際遇自是難以捉摸。

本書是「庄腳來A、台灣囝仔」分享自身在房仲業從菜鳥時期走來的心路歷程，及一路不斷從錯誤經驗裡累積出來的處世哲學，加上多年的實務經驗，整理出淺顯易懂的實戰作業模式及銷售心法，集結成冊出了這本《翻轉吧！房仲菜鳥》，讓有心加入房仲業的新菜鳥有些幫助並知道努力的方向，雖經作者審慎編撰，有所疏漏在所難免，也請各界先進斧正賜教，不勝感激。

作者序2 ／李姿穎

　　十幾年前讀研究所時，記得有位老師曾經說過：「經營事業，『人』是最重要資產。」這句話一直深深烙印在我的腦海，而我也是一直在從事「人」是資產的相關工作，而在我原有美的事業處於高峰時，陰錯陽差跨足房地產事業，一晃眼就是好幾年的光陰，一直跟隨著強協理腳步一同攜手在房仲業打拼，我自稱為這是我「房仲事業的翻轉秀」。

　　經營事業多年，專長財務管理、組織規劃及人力資源管理，深深的感觸到，每一個新人到新的工作崗位時，都像小羊迷了路，要如何讓生手變高手是我一直努力追求的

目標，而在我們當家團隊，強烈感受到這是個有溫度的仲介團隊，每天一起共事的夥伴們，更是帶著莫忘初衷的信念，每天不斷挑戰、不斷前進就像一首交響曲的抑、揚、頓、挫同樣的精彩與豐富。

本書是來自一個天、時、地、利、人、和的時機，揉合強協理多年來的心路歷程與實戰經驗，與本人經營藝術及經驗，匯集成一本適合房仲業新菜鳥閱讀，知道努力的方向，讓進入房仲業能少一點挫折，多一點天分，別讓簡單的事變複雜了，並期待未來都能透過心理契約，讓奔跑在房仲業上的夥伴們都能願意樂在房仲業務工作中，但仍期望這本書可以幫助想要進入房仲業的新人們，可以更快了解房仲業的生態。

雖經作者審慎編撰，疏漏錯誤之處在所難免，尚祈各界賢達先進與讀者不吝賜教。

目錄CONTENTS

03 你可能在瞎忙

菜鳥入行100天

時間就是金錢

時間≠經濟能力

景氣起伏波動

客戶心中最佳房仲獎

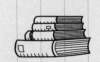

開啟奇蹟式大門

莫忘初衷──給新人的一封信

因為我時時刻刻都提醒自己要歸零，把自己當新人，因為保持新人的狀態才能保有那顆最真誠的心、熱情的心，我常常照鏡子，檢查自己的服裝儀容：

頭髮是否過長？

衣服是否熨燙平整？

筆是否有隨身攜帶？

皮鞋有擦的閃亮嗎？

公事包內的物品有準備齊全嗎？

檢查完後再次審視鏡中的自己有沒有記得微笑，看起來是否覺得很討厭，會不會很油條，每天出門前都會這樣全身上下自我檢核，然後帶著一顆熱情的心、愉悅的心、成交的心去上班，其實新人的想法很簡單，就是每天拜訪屋主、簽委託，跟學長姐討論案件，開早、晚會，聽店長的教導，其實每天都有事可以做，每天都有會要開，公司有固定的課要上，每天都是學習與成長，每天都很踏實，每天都做基本功，每天都在聯繫維護客戶。

「仲介生活化、生活仲介化」，十年如一日，所以寫這封信給正在不動產界打拼的人員們，不管你是朋友、夥伴，還是競爭對手，這個行業本身就是如同一場馬拉松競賽一樣，結果不是0就是100分，如果你目前還在場上就要

保持一顆謙卑熱情的心，持續奔跑、莫忘初衷。

成功的人找方法，失敗的人找理由。──郭台銘

紀律！規律！自律！

紀律：新人階段，剛入行的你會有很多不懂的作業方
式跟作業時間的規劃，這時期的你需要有隊長
跟教練安排你的訓練菜單，每天的教育訓練作
業方向，行程量的安排，電話量的要求，檢核
你的每日、每周、每月的作業大大小小細節，
幫助你有正確作業的節奏，少走冤枉路，但是
你會被嚴格的訓練跟要求，這可能會讓你喘不
過氣來，這時你需要調適的是心態面，告訴自
己努力！努力！努力，自己一定可以的。

規律：中生代、老人階段或已經在這行做出心得的夥
伴，你已經知道自己的節奏是什麼，什麼時候
該做些什麼事，能讓自己有充分的時間為你的
客戶做客製化的服務，這時候的你不是衝量而
是做有效率有質感的事項，讓你能更加事半功
倍，你也知道你什麼時間點，該進修學習充
電，這時的你已經有穩定的收入，做起事來也
會得心應手，時間運用上也會比較彈性，如果
你想要更進一步就必須讓自己進入自律的狀
態。

自律：頂尖的Sales，頂尖店長，老闆的特性，如果你
已進入自律的狀態，那很恭喜你不管做什麼事
都很容易成功，你的客戶也會非常信任，你的
時間觀念會非常準時，做事態度很嚴謹，責任
感非常強，自我要求非常高，任何大大小小的
細節都會非常在意，客戶的事就是你的事，你
會把同仁、客戶當自己的家人在經營，所以一

個極致的經紀人一定是一個非常自律且正向的人，期許在各行各業打拼的朋友，都能成為一個自律又正向的菁英。

贏家專注，輸家事事嘗試。——西德尼‧哈里斯（Sidney Harris）

師徒教練

今天是我入行以來第一次協助成交總價最低金額的案件，總價200萬，但是整個過程讓我很感動，首先映入眼簾的是師徒情誼，看著店裡的學姐耐心的教導著徒弟作業方法、細節討論、細膩度到每個步驟、每個環節該做什麼事，甚至晚上還陪著學妹開車南下雲林收斡旋，只為了讓徒弟能夠順利成交，完全沒有要求回報，這樣的精神是我入行12年來第一次看到，不分案件大小，教導不求回饋，

讓我很感動，以前這樣的案件我幾乎不可能參與，但今天
我一直陪同該案件簽約完成才離開。過程中我看到學到的
是師父精神，讓我感動的是友店的店長認真負責的態度，
當面談的前中後大大小小的細節再三確認，親力親為的態
度真的讓我很佩服，我很認同該店長的當責，他不會因為
案件小服務費少而馬虎，甚至給我的感覺很像在談一個
三千萬的案件，非常的慎重，案件一度卡關時還拉我到屋
主那邊再次說明買方的誠意，身為一個店長或教練真的要
努力扮演好這個角色好好協助人員成交，好好的幫買賣雙
方把關買賣交易安全，絕不能因為案件小服務費少就差別
待遇，這是今天我在學姐跟友店，店長身上學到的寶貴一
課，如何當一個好的師父、好的教練。

強協理提示

嚴師出高徒；今天捶你最多的，就是你的嚴師。你有
這樣的主管，你就應該跟他去做事。

團隊

　　一個人！可以走很快，一群人！可以走很遠。

　　在對的時間，對的地方，跟對的人，做對的事，成交對的產品。

　　如果你待的團隊有這樣的特性，那就恭喜你，你的團隊是一個很棒的團隊。

　　我們當家團隊不是最好的團隊，但是我們是一個不斷成長、進步的團隊，我們不是最好，但我們希望能更好。

　　好的團隊有幾個特性：

　　1.互相尊重、包容（人性化、人人平等）。

　　2.有倫理（學長學姐制、師徒制）。

3. 可學習成長、教育訓練完整。

4. 有制度（獎金、福利、薪資、會議、罰則、晉升透明化）。

5. 好的作業氣氛及工作環境（軟硬體齊全）。

6. 有潛力、有發展（對的產品別、對的商圈）。

7. 人人都是你的夥伴（搭檔制、教學相長）。

8. 好的主管（隊長、教練、心靈導師、給你鞭策、鼓勵給你方向與目標）。

9. 樂於分享，不藏私、合作、團結（即競爭，且合作）。

10. 把同仁當家人，把客戶當家人，愛自己的家人，人人充滿著愛。

強協理提示

以上優點，不是凸顯我們有多好，而是希望各界不吝嗇指教、希望能幫助我們可以更好，感恩。

搭檔

　　走在大街小巷，往往都會看見2位房仲夥伴共同騎著一輛摩托車，來回穿梭到處出征，搭檔合作的好處可以同時兩個業務服務客戶，有雙倍的人力為客戶做事，幫忙找房子或賣房子，一人休假時另外一人可以幫忙替補，能讓客戶得到最完整又專業服務的超值感受，當然有時候買賣雙方也會抱怨其中一人，尤其是學長最常被抱怨，這時候我們還有另一個學弟可以去傾聽屋主的心聲、買方的心聲、這樣買賣雙方有什麼真正的需求我們才能更精準了解、達到客戶要求的標準。例如：屋主想要降價或買方想要加價，那學弟就是那個最好的傾聽者。大家彼此有良好的溝通方式，也比較不會尷尬。搭檔制另外一個好處是可以教學相長，學弟進步會比較快，學長可以被學弟督促跑行程，這樣的搭檔制是最理想的狀況可以互補。

　　另一建議是搭檔要和兩個以上不同產品別的學長合作，這樣你才能從不同學長身上學到不同的專長，因為每一個學長專長都不同，所以你如果有更多的機會點找學長

合作，你就可以在實戰中學習到更多的技能。

　　當然主動找人合作的過程中，有可能讓你的業績少一半，但是如果因為合作讓成交率提高了，那無形中也可以把少掉的業績補回來，而且有些學長姐也會有回饋機會點，不全是你單方面的付出。其實合作的過程中學習到「實務操作」才是最重要的，還有另一個好處是你是站在巨人的肩膀上，因為好的搭檔會帶你順利成交賺到成交獎金，所以你要懂得借力使力運用搭檔的力量，這樣你才能事半功倍。

強協理提示

　　財聚人散、財散人聚。

02

新人十問

新人小沄の十個提問

強協理 來解答！

1. 被拒絕後心理如何調適？
2. 如何讓人有好的第一印象？
3. 剛入行須具備什麼心態？
4. 仲介這個行業可以獲得什麼？
5. 沒有業績怎麼辦？
6. 上班時間可以看電影跟吃牛排嗎？
7. 商圈耕耘怎麼做？
8. 怎麼做好陌生拜訪？
9. 如何維繫來電客戶？
10. 如何電訪到邀約拜訪？

1. 被拒絕後心裡如何調適？

推銷是從被拒絕開始，你要學會被拒絕才有辦法懂得推銷，所以被拒絕是正常的，就跟我們需要吃飯一樣正常，如果有這樣的認知就沒有需要調適的問題了。

2. 如何讓人有好的第一印象？

標準服裝儀容、頭髮整齊，乾乾淨淨的門面，面帶微笑有禮貌，外表是第一眼，印象很重要，講的話是否專業，是否有重點，是否是客戶要聽的話，還有該用耳朵傾聽時，有沒有專心傾聽，見面前三分鐘就決定了該訂單能不能成交。

另一說法：嘴甜、腰軟、目色金、腳手快、骨力走。

3. 剛入行須具備什麼心態？

信任、積極、學習、正向，感恩、勤勞、禮貌，「態度」最重要，你的態度可以決定你的高度，或態度可以決定一切，有好的態度一切都會往好的方向去發展。

4. 仲介這個行業可以獲得什麼？

聚焦之所在，成果之所在，聚焦業績你就可以獲得業績，聚焦人脈你就可以獲得人脈，聚焦專業知識你就有專業知識。

聚焦投資買賣，你就會投資買賣，聚焦開店你就有機會開店，重點不是你可以獲得什麼？重點是你能做什麼，能力有沒有到位，如果你能力有到位，你想要獲得的自然到位，仲介業這行本身就是座寶山，看你能力到哪就可以獲得什麼樣的寶物。

5. 沒有業績怎麼辦？

P 計劃（Plan）

D 執行（Do）

C 檢核（Check）

A 行動改變（Act）

從這循環去自我檢核哪個環節出錯再修正，自然就會找到一套獲得業績的方法。

　　另一方法：開發如果沒業績，就轉議價，議價沒有業績就轉銷售，山不轉路轉，如果再沒業績就是量不足，放大行程量跟電話量，如果再沒業績就要尋求協助。

　　天道酬勤，相信你自己，你可以的，腳踏實地做好基本功，自然就會有高而穩定的業績。

6. 上班時間可以看電影跟吃牛排嗎？

　　當然可以，你有多會玩，就有多會賺，高明的業務連吃早餐都去客戶開的早餐店吃，跟客戶一起吃飯看電影、出遊，如果可以跟客戶有共同興趣更好，一起打高爾夫、品酒、游泳、爬山、跑馬，參加社團那就更高招了，「仲介生活化、生活仲介化」，有時候越輕鬆愉快的氛圍下更容易談成訂單，所以你要培養更多元的興趣。

7. 商圈耕耘該怎麼做？

　　名片發得越多認識你的人越多，發的DM夠多，掃街拜訪的店家越多，認識你的人越多，首先你要讓你經營的

商圈所有的人認識你，還有一個重點，把該商圈的現廣全接回來，那認識你的人就會越來越多，仲介是人的產業，最重要的是讓每個人認識你，次之才是大樓精耕，市場上有在賣的物件追蹤，潛賣物件的開發，深刻的印象比名片更重要讓客戶介紹客戶。

8. 怎麼做好陌生拜訪？

面訪是重點，唯有挨家挨戶去按電鈴去拜訪、派報，跟客戶面對面交談練習，熟能生巧，只有不斷累積，才能，把陌生拜訪的技巧學好做好。

9. 如何維繫來電客戶？

纏字訣，每天聯絡確認需求，跟提供資訊資料，想辦法與該客戶碰面，面對面的談更能拉近距離，多約看、多帶看，總之你就是那個唯一還有在聯絡他的仲介，那你勝出的機會就大了。

10. 如何電訪到邀約拜訪？

　　講話有講到重點，有講到心坎裡，預約到客戶，最直接的辦法就是，有買方出價或屋主議價，價格是買賣雙方最喜歡聽的話，所以你如果有明確客戶出價、降價，無論買方或賣方你都可以約到拜訪的機會。

強協理提示

　　愛上你所做的工作，此生你就不用工作了。——喬治・伯恩斯（George Burns）

03
你可能在瞎忙

菜鳥入行100天

　　小菜入行的100天，你知道發生什麼事嗎？

　　很多入行的新人都有一個願景希望年薪百萬成為TOP1。

　　小菜～當初也是看到某房屋的電視廣告，年終32個月還有某房屋的廣告台詞「Hi，我是社區小×」，以為只要做好社區服務，立馬可以財源滾滾，於是馬上跨出我仲介生涯的第一步……

　　但是光尋找仲介公司錄用，小菜我就花了將近一個月，第一次參加某品牌的說明會，我從彰化出發，路上遇到塞車加找不到停車位，當我匆忙趕到說明會時，說明會的大門就在我眼前關起來，該經理只跟我說下次請早，心想我從墾丁三天兩夜的假期提早一天回來，只因該公司跟我通知，說明會的時間，剛好是我假期的第三天，接下來我跑到七期陌生拜訪一間大角店的仲介公司，主動上門說想要加入該公司當仲介，該公司請一位店長跟我面試，面試後請我回去等通知，但等了三天都沒有消息，於是我主動去電，找該店長詢問面試結果，該店長直接回答我公司沒有錄取你，即使當下表明我可以當高專不用底薪，但為了可以順利入行仍在電話那頭極力爭取，但對方仍然婉拒我，心想我連入行管道都找不到，我如何年薪百萬，於是

我跑去找舊同事尋求協助，舊同事跟我介紹了另一家不動產公司，但面試完依舊石沉大海，後來透過同事去問，結論是無仲介經驗，該公司不投資普專，當高專我又沒經驗，所以我又被打槍了。

　　經過了一輪的挫敗內心非常的沮喪，後來朋友建議我再去網路上投履歷，後來我發現了一家還沒有知名度的品牌，而且強調股東制，於是就去參加該公司的說明會，記得當時說明官了不起，只大我3～4歲，當時我29歲了，他還強調他們不是騙人的，我看周遭一起來面試的人幾乎都是剛畢業或退伍的社會新鮮人，只有我看起來比較油條，心裡想反正都來了就只好積極的表現，後來終於順利錄取了，當時報到時約有18個夥伴，總之就覺得很怪，而且還保障底薪四萬元六個月，在接受了三天的新訓課程後就被分發到逢甲商圈的店頭，感覺有點像在當兵，每天都抱著疑問？去上班也都不知道要幹嘛，完全跟電視上的廣告差很大，後來看著當初一起報到的夥伴一個個的離職，自己也動起離職的念頭，終於在第十天時去提離職，當時的店

長有慰留我，我也接受了慰留，反正也沒有其他的管道，接下來的日子每天8：30到公司、23：00下班，每天都去拜訪屋主簽委託，感覺就好像要不斷的開發案子回來給公司補庫存，而且工時很長，換算下來倒不如去7-11打工好像比較划算，那時說好的師徒制好像也不理想，因為師父每天都很早下班，他自己好像也都沒業績，而且眼看每一個禮拜都有夥伴離職，內心真的很掙扎。

　　但有一天店長發現我怪怪的，還先發制人，把我叫過去給我訂了一個很難的目標，就是要在四個月內做到50萬的業績，對一個新人來說真的很難，後來也很感謝當時的店長出了這道難題給我，因為後來心念一轉我只為了證明我不是被「淘汰的」，要離開也是我有達到目標自己離開的，於是屏除一切雜念，全心全力拚業績，最後入行的第100天成交了，仲介生涯第一個房子，個人業績51萬，達到了店長的要求，接下來神奇的事情開始發生了，因為太想要達成50萬業績的目標，所以簽了很多委託，接下來一直冒泡，因為開發真的是業績之母。

以上心得分享有幾個重點：

一、就是找到賞識你的人或願意給你機會的公司。

二、入行以後就要信任帶你的人，跟給你機會的公司。

三、這行本身留任門檻就很高，你要盡全力去拚，爭取活下來的機會。

四、屏除雜念認真學習跟你的態度真的非常重要，因為沒有人會教導一個態度不佳的徒弟。

五、你絕對不能有退路，因為有這個念頭你會很容易放棄。

六、你的目標要非常明確。

七、你一定要有夢想，即使你現在什麼都不是，甚至連吃飯都有問題，你絕對不能放棄你的夢想，因為在你撐不下去時，只會剩下你的夢想支持你，記住夢想沒有到手絕對不能放手。

時間就是金錢

　　在我們這行你會有很多做不完的雜事跟沒有績效的事情纏住你，你會發現時間不夠用，但實際上你忙了一整天下來，你可能只做了一件跟業績有關的事情，但你又會看到很多學長姐每天都很悠閒，但是又有業績，而且未必賺得少？反之一天到晚忙碌的人卻又沒有業績？為何會如此？看起來好像不太公平。

　　不過之所以會有績效與時間不成正比，源於因為房仲業的工作時數就是得要這麼長，所以反而會讓自己錯覺到「反正有的是時間」，如此在工作上的效率，便常常成了影響業績成果最大的隱藏殺機。

　　以前店長教導我們，每天要做跟業績有關的事，但什麼是跟業績有關的事？優先順序又是如何？有一個時間管理的象限是這樣子分類的：

第一象限：緊急又重要　　　第二象限：重要但不緊急
第三象限：不重要但緊急　　第四象限：不重要又不緊急

緊急

第一象限：緊急又重要	第三象限：不重要但緊急
◦ 收斡旋要約 ◦ 當面談 ◦ 簽委託 ◦ 改表、改專任 ◦ 買方覆看 ◦ 簽約成交	◦ 幫同事送產調書 ◦ 送鑰匙 ◦ 陪同帶看（有時候很重要） ◦ 幫正在當面談中的客戶買茶水、便當（對經紀人來說很重要；但如果是義務幫忙那對你來說就不重要） ◦ 現廣客戶打現廣立馬要看屋（有時也很重要，看經驗去判斷，如果先做促銷，如剛剛同事有帶看，鑰匙在同事身上，必須等我半小時或約下午才能看屋，那就能扭轉為重要帶看而不是倉促帶看）
第二象限：重要但不緊急	第四象限：不重要又不緊急
◦ 代書流程 ◦ 例行會議 ◦ 產權製作 ◦ 廣告量尺寸製作 ◦ 與客戶吃飯、喝咖啡、應酬 ◦ 行銷報告書製作 ◦ 廣告行銷 ◦ 修理漏水 ◦ 上課進修 ◦ 現場駐點、派報	在頂尖的Sales眼中，只要做了不會對業績產生效益的事，都是屬於這個象限

重要　　　　　　　　　　　　　　　　　　　　不重要

不緊急

重點在於我們常常把不重要但緊急的事情攬在自己的身上，所以會把自己搞得很忙，我有一個開義大利麵店的好朋友說那叫「瞎忙」。

以下我們就來分類一下，我們每天在做的事都坐落在哪一個象限？

有些事情重不重要是需要視情況而定，不是很容易分辨，因此有些業務才會迷失沒有方向，所以我們雖然知道一些理論跟方法，也需要常常跟你的主管、師父、教練討論或研討，目前做的事情方向對不對，會不會做白工，要常常去修訂你作業的節奏，當然如果你的時間有80％是用在第一象限，那就很恭喜你，你正在做20％的事，但能產出80％的績效，事半功倍，如果你大部分的時間是在第三象限跟第四象限，那你就真的要靜下來好好的思考一下，為何你的節奏錯了，再重新調整，那你的時間管理才會漸漸改善。

時間≠經濟能力

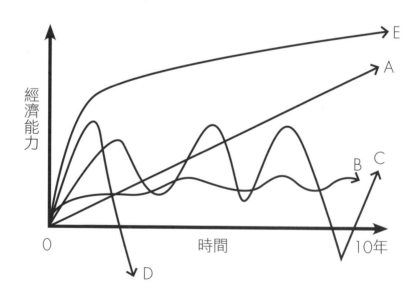

入行12年看過無數的人成功，也看過無數的人被淘汰（D），也有人起起伏伏大起大落（C），有人穩扎穩打收入穩定（B），有人一步一腳印慢慢登頂（A），有人一飛沖天一帆風順成為頂尖的不動產經紀人（E），如果你不是（E）線的天才經紀人，你一定要一步一腳印、戰戰兢兢，慢慢攻頂成為（A）線咖，很多人都因為成交了一個大案，做事就走鐘了或成交的太容易，認為做仲介就是這麼輕鬆，最後讓自己成為（C）、（D）咖被這行淘汰，如果你只想要穩定且收入比一般上班族高，那就要練好基本功，每日規律紀律的上班，你也可以成為B線咖。

　　以上就是仲介業的收入狀況，看你想成為什麼咖，
且時間不一定是經濟能力的累積，有時候也會變負債的累
積，如何讓自己在正向循環，有時候不需要什麼大道理，
只要每天保持一顆新人的心，每天按部就班做事，簡單的
事重複做，重複的事用心做，用心的事時時做！每天戰戰
兢兢為客戶做好服務，讓客戶滿意，做到感動式服務，畢
竟我們是一個「人」的產業，不只是房子不動產的行業，
唯有做好服務才能在這行業持續「正向循環」。想法決定
做法和行動，行動會變成習慣，習慣將養成性格，而性格
將能決定命運。

強協理提示

　　贏家永遠有兩個競爭者：一是時間，二是自己。

景氣起伏波動

　　景氣起伏對仲介業有何影響？

　　任何產業都會起起落落，仲介業也不例外每隔一段期間就會有重大事件對房市、仲介業造成重大影響，2016年的「房地合一稅」，此政策有明顯地壓制了房價漲勢，短期內還讓房價下修了10～15％不等，2011年實施奢侈稅政策，實施前後可看出該政策使交易量下滑，但房價沒有下跌，反而兩年的「閉鎖期」造成房價報復性上漲，再者是2008年的金融海嘯，那次也是屬於大環境的重大事件，經濟面也是受到極大的衝擊，跟這次的2020年1月份「新冠肺炎」有些雷同，但這次比較不一樣的一點是「人流」的停滯，除了金流、物流以外更不一樣的是在同時間全世界有接近二十六億人同時被禁足、封城、鎖國，到2020.05.17確診人數全球已破四百萬人，死亡人數超過三十一萬人，二十六億人口被禁足，造成消費也會大幅下滑，各國都採取「降息」「QE」，都會直接影響房地產降息，這對房仲

業來說不算好消息，但對買、賣雙方算好消息，尤其對屋主來說一定是好消息，因為利息負擔降低了還可以展延貸款，但對交易量來說可能會下滑，因為屋主負擔減輕了，所以降價跟讓利幅度會下滑，所以短期內可能會減少一些成交量且價格也只會小幅修正，中長期房價還有上漲的可能，因為各國採取QE，尤其是美國還「無限QE」，QE會造成無限的資金追逐，有限的資產的狀況所以中長期一些房地產、收益型房地產還會不跌反漲，雖然理論上是這樣但這次比較不一樣的是「疫情」造成的經濟重大震盪，所以在疫情還沒有明顯控制下滑或特效藥開發出來前都會有變數，所以這次的無限QE就有別於上次的金融海嘯QE的上漲激情，這次的置產型收益型雙方都採觀望的態度居多，所以這次的疫情只有「剛性需求」的不動產，有持續在成交且交易量也有下滑，不過總是那句老話「危機入市」必有優渥的報酬，但又有幾人能辦到呢？不管如何就是要做好基本功，持續為你的客戶圓夢。

 強協理提示

面對這些嚴峻的環境，祝福正在打拼的仲介朋友能渡過這波疫情。

客戶心中最佳房仲獎

有行銷廣告專長

有禮貌老實型

嘴甜 貼心

經驗豐富 得獎多

有故事的業務

自信心

勤奮

熱情 熱於助人

專業能力高

誠實

積極性、責任感

服裝儀容整齊大方

親朋好友廣結善緣

只有累積沒有奇蹟

高資產客戶

　　醫生、律師、會計師、企業主、大企業高階主管、台商、地主、建商，這些客戶都屬於高資產客戶，任何一個客戶的買賣物件，少則兩千、三千萬，多則八千、一億

的，有的是固定每年買一至兩件的不動產，這類型的客戶你只要有幾個在你的VIP名單內，那你的業績就會高而穩定，但是這樣的客戶，也是眾多仲介爭相在服務的客群，你想要勝出不是那麼容易，這樣的客戶有一些特點，可以給大家參考看看或許在你遇見時會有一些幫助。

高資產客戶

◇樸實低調不張揚
◇謙虛有禮貌，尊重仲介經紀人
◇多數不會談論自己的豐功偉業或職業
◇多數會與夫妻、家人一起出來看房子，因為愛家
◇時間不好約帶看，因為本業很忙，時間寶貴
◇未接來電多數會回電
◇聰明，歷練豐富
◇尊重合約契約精神
◇資料資訊書面化資料審閱仔細
◇會給你時間表明來電或拜訪目的
◇準時、注重約會，會議說明會

強協理提示

幾乎都是優點且平易近人，看起來好像很好服務，但是往往盲點就在這裡，你必需有以上的優點才容易與之產生共鳴，所以你如果想要擁有高質感的客戶，那你必需是高質感經紀人。

投資客

市場上專門靠投資買賣不動產獲利的客戶，有很多仲介很喜歡經營這樣的客戶，因為委託好簽甚至有統計總表不用簽直接帶看，產品別多數為華廈、低總價物件，因為總價低流通速度快，如果你有低於市場行銷行情可獲利案件，他也可以立馬下斡旋配合當面談，有一些還會邀你一起入股投資該物件，有一些還有固定工班配合裝修房屋，周轉率高，所以相對也會要求仲介降低仲介服務費，有一些大咖的投資客還會開仲介公司，投資買賣透過自己公司取得第一手資訊。

　　另外一種是「投資團隊」，由一群高資產的客戶組合而成的，買賣物件總價會比較高，以豪宅、預售屋為主，以量制價通常建商還在潛銷期就取得棟別、格局圖及潛銷價，利差每坪有一到兩萬元的優惠，投資預售屋比較像期貨的概念，一般他們短線獲利就會出場也不會戀棧，如果是豪宅部分可能會有一條龍服務，高檔的裝潢跟高服務的仲介幫你把關買賣交易安全，跟代書流程的細節。

　　另外還有傳統老派的投資客做店面、土地、透套的整合與買賣，這類型通常資金、財力比較雄厚且觀念比較保守，他也不一定會短期獲利，因為這類型物件都有收租效益，這類型投資客通常為獨資，而且有一些還會轉型為中小型建商，有的還會蓋小型飯店商旅。通常不管是什麼樣的投資客都會有仲介經營，因為他們拚的是周轉率、轉速跟價差，仲介也是如此，周轉率、轉速跟服務費，甚至有些仲介後來也會變投資客，對於這產業的投資買賣現象，小菜的建議是對於投資買賣應該要長期置產為主，這樣才不會偏離仲介的本質，因為你個人的資產要以長期持有為

主，才不會讓客戶認為你在賺價差，因為仲介應該以仲介服務費為主要收入，收取合理的報酬，再來就是你經營的投資客也要以中長期持有不動產的投資客為主，這樣才能避免有爭議，因為每一個時期的不動產價格都會有波動，只要是該時期以合理的價格買、賣都不違背道德良心，另外一種是豪宅一條龍服務的投資客，這類型投資客有些是設計師或裝潢公司，他們賺的是室內設計跟裝修費，有一些房價還有可能低於市價售出，所以這類投資客也會是比較好的客戶。

強協理提示

至於其他類型的投資客就見仁見智，沒有絕對的對與錯，以上是對投資客的看法，僅供參考。

堅持！堅持！再堅持！

　　仲介這行的入門門檻不會太高，但留任門檻卻很高，十個人同期入行經過一年後大概只會剩下一到三個，再一年就可能剩一個了，為何會如此大的淘汰率，主要原因有幾個：

1. 產品：高總價，相對於保險、汽車、醫藥，電信類業務工作，房子的總價相對高，所以成交不易。

2. 沒有人帶：買、賣不動產有很多專業知識及技巧要學，不對的師父、搭檔、團隊很容易陣亡。

3. 心理素質不夠強：這行業是一個高總價、高獎金、高挑戰的行業，不是每天都在成交的，你如果心理素質不夠高，耐不住寂寞你就會被淘汰。

　　所以在這行首先要建立的是心態面，觀念要到位，仲介業最難的就在於心，這行你要正向，因為你不會馬上成交，就算有成交也不會天天成交，所以常常要面對挫折，並要在挫折中找到石中劍，你唯一能做的就是要樂觀、積極，日出而作日落而息，每天辛勤的耕耘，每日除草、灌

水、灑農藥把自己當一個農夫，一點一滴的累積直到收割那天，所以仲介本身就是一個農夫，你要腳踏實地，一步一腳印，按部就班去執行，絕不可能一蹴可幾，即使你運氣好有一隻兔子跑過來撞到大樹，讓你滿分的完美演出，有一筆豐厚的收入，你也要開心一天就好，因為你永遠再面對新的客戶和新的房子，永遠都要懂得重回原點，因為這行只有累積沒有奇蹟。

強協理提示

每天出門照鏡子，給自己一個自信的笑容，並向自己伸出一個大拇指：你真棒！

沒有魔法！只有基本功

聯想總裁蘭奇曾說過：「沒有魔法，只有基本功。」這句是所有名人語錄中，小菜我最喜歡的「失落根」。

仲介生涯12年我最得意的魔法有三：

一、當天帶看、當天成交、快速結案。

二、快速議價、改表、改專任、佈當面談、成交。

三、高勝率的當面談技巧。

　　每次的成交機會我都會沾沾自喜洋洋得意，直到遇到瓶頸時、低潮時，才領悟到，沒有魔法只有基本功，圓滿成交開心一天就好，永遠都要懂得重回原點，明天依然要預排（約）行程、日起有功、打30通電話量，每週聚焦在1063上。

　　聚焦之所在，成果之所在，每天一定要跑6組行程，保持每日點燈，保持高庫存量、高現廣量、高帶看量，每天保持複雜的事情簡單做，簡單事情重複做，重複的事情用心做，做久了你就是專家。

強協理提示

在此勉勵仲介業的朋友，記得沒有魔法，唯有做好基本功，你才會成為「專家」。

勤回報才能議價

「買方要你痛苦，賣方要你辛苦」，這是入行時學到的順口溜，真的是這樣嗎？

見仁見智，但你的付出跟努力買賣雙方都會看在眼裡、放在心裡，有人委託了一個房子，做了非常多的努力與辛苦度，做很多行銷廣告派報、站神、貼小蜜蜂、綁瓦楞板，屋主也願意降價給他，給了他比同業還要低的「感動價」，但最後卻往往被B公司成交了，這就是現實的無奈，屋主都降價給你了還賣不掉，相信有些新人或中生代有過這樣的經驗，也有人因為這樣而轉換了跑道。

但是有一句話這樣說：「不是得到，就是學到。」你應該調適自己，哪裡跌倒哪裡站起來，站起來之前不要忘了，先看看地上有什麼可以撿的寶物。另一個故事是屋主雖然被同行成交了，但後來介紹很多客戶跟該仲介買賣，雖然他沒有賺到該屋主的業績，但後來卻成交到他的親朋好友，所以任何一個屋主把他的房子交給你賣，你一定要盡心盡力去服務他，而且到最後即使他的房子不是你成交

的，你也一定要恭喜他順利成交了，而且恭喜他成交了一個不錯的價格，千萬不能說負面的話跟破壞屋主的成交，最常見的不良言詞就是：「你怎麼賣這麼便宜，我同事那邊有出更高價位的買方。」謹記任何的成交都是一件開心值得恭喜的事，即使價格、仲介費不理想，你都應該恭喜買賣雙方跟仲介方，這樣你的路才能走得長走得寬，成交的機會才會越來越多。

　　至於屋主要不要降價，降低幅度多少？他會以你回報的辛苦度跟你努力付出給你一個合理的價格，至於能不能成交時間會證明的，雖然有一句話是：「沒有賣不掉的房子，只有賣不掉的價格。」沒有錯，但是「時間是關鍵」，因為每一個時間點屋主的想法會不一樣，總而言之你一定要是那個最熱情的仲介，最勤勞最勤於回報跟面訪的仲介，那你一定可以掌握屋主第一手降價的訊息。

強協理提示

　　同理心。説話之前，先考慮一下對方的感受。

仲介生涯成交的第一間房子

一起來聽小菜的心聲……

　　新人期間最大的任務就是開發簽委託，但因為毫無仲介經驗，所以所有的委託幾乎是親朋好友，但沒有一個正經要賣，但還好小菜的親朋好友剛好都有房子，所以第一個月的仲介軍旅生涯就達到了三件專任委託的標準，而且還是獨泡，在店長、學長眼中我就是一個很瞎的新人，簽的委託都是外縣市，而且都是天價，擺明就是不想賣的物件，但這也是沒辦法中的辦法，因為直營店有考核標準，沒有三件專任委託就會被淘汰，即使是現在的我也不容易達成，何況是剛入行的我，而且一開始我的追蹤線，拜訪目標就不是一個新人該做的，因為全部都是有現廣的店面，每一件都是同行專簽三個月以上的物件，而且後面還有眾多同行高手在排隊等著要簽的Apple物件，個個業務都大有來頭，信X中區第一名、永X中區第三名、中X某某市場老將之類的，難怪那時候店頭學長沒有再跟我搶這些追

蹤線，我還天真的以為追蹤線很好募集，因為在逢甲、水
湳滿街都是現廣。

　　雖然這樣現廣店面物件不是我第一個成交的房子，但
當時的我也憑著過人的努力、毅力把這些市場上有現廣的
A案接了將近1/5回來，沒有祕訣只有不斷重複拜訪，每個
案子只要找的到屋主，我都至少去超過十次面訪，所以很
多屋主都被我這個新人感動，所以入行三個月我手上的店
面案件已超過20件，現廣超過10面，這為我後來的仲介生
涯奠定了很扎實的基礎。

　　好了，小菜回來說說那第一個成交的房子，這個題
目那時的我毫無目標跟方向，只會每天去有現廣的屋主家
做辛苦度跟在那邊魯，但那些屋主因為礙於專簽都跟我說
同行到了一定換你簽，所以實際上我都簽不到委託，後來
有一天店頭學長跟我說，他有一個買方要買×××房子，
叫我去找屋主，那屋主就住在那個房子裡面，臨路透店，
我想說學長人怎麼這麼好，報給我一個這麼好康的事，我
一聽馬上衝去屋主家跟屋主報告這件事，拜訪屋主的過程

中，還打電話跟學長確認買方背景身分跟出價狀況，後來我當下沒有跟屋主簽委託，還很慎重地約下午的時間要帶學長來跟屋主報告買方狀況，當然那天就很順利的簽回來房子的委託，一個邊間透店2680萬，在12年前是一個相當高總價的房子，簽回來後第一件事情除了做產權、產調外，當然就是逼殺學長你的買方呢？結果學長的買方根本就沒有要買，只是跟學長說了一條A追蹤線，學長覺得案子很A，所以說了一個仲介最常用的一個開發話術「我有買方」，這是小菜我成交第一個房子的開發過程，後來我把這些步驟整理成「快速委託」的技巧。

　　接下來就是如何賣掉這個房子的過程，由於學長買方根本出不到屋主希望的價格，也不想買我就只能自己想辦法了，首先我製作銷售報告書認真推案，爭取案件報紙稿、網路曝光度，再來就是每天去綁10面瓦楞板，每天做跟行銷該房子有關的事，當然不可能這樣子就賣掉，我大概每3天到一個禮拜就跑去屋主家面訪，做辛苦度，但屋主都很堅持2680萬這個數字，因為他說他去清水紫雲巖問過觀世音菩薩，菩薩說會成交這個價錢，後來有天店頭的電話聲響起了，電話一響，黃金萬兩，有買方看報紙稿打來問這個案子，店頭學姐值班，接起電話很用心地介紹該案子，我在一旁很期待這個買方能夠買這個房子，後來買方真的很A，立馬來看房子，而且也買了，但是他買的是該學姐自己開發的案件，她轉配了，天啊！金苦瓜！好不容易來了一個看該案子的A買，居然被她轉走了，難道這就是人生，接下來的兩個月我不斷的面訪議價，做行銷、派報、貼小蜜蜂、綁瓦楞板，但都沒有買方出現。

　　皇天不負苦心人，接下來我的仲介生涯終於進入可

以銷售的階段了，仲介生涯的第一天值班，終於可以接來電客了，記取了上次A買被轉配的教訓，我一定要認真值班，但是這一天跑來了一個當日休假的學長，休假不休假跑來店頭跟我搶來店客，真是不上道，而且每一通電話都被他接走，因為他是學長我也不好意思多說什麼，一直到晚上八點終於有一通電話打進來，那時候那個學長剛好在講電話，於是我就接起了那通，一整天值班下來唯一一通的來電，不誇張所有的電話全部被學長接走，電話那頭就是這麼巧問到了我開發的案子，不過不是我那件個人主推，而且電話那頭聲音非常年輕，自稱台北客，還直接問我案子的門牌號碼，說要自己去看，當下心想你是台北客，還要門牌，而且還要案件基本資料，我的第一個反應是你是同行，要來踩我的A案，於是當下我告知該買方，這個案子目前不能看了，因為晚上要當面談了，有買方要買了，誰知道我這樣一說對方更緊張了，她說她一定要來看，我說可以啊！因為我覺得如果是可以碰面的買方一定要喬出時間來認識，但是對方還是跟我強調她是台北客，

能不能先給她門牌號碼，她先上網看，這時候換我覺得她很怪，一直要門牌就是不見面，於是我就換了一個方式約她，我建議她坐高鐵來台中，我過去高鐵站接她，她在電話那頭還誇獎我服務怎麼那麼好，還有專車接送，可是電話這頭的我，感覺好像被嗆了很不舒服，於是跟她約好時間後就把電話掛了。

掛完電話後找學長討論跟協助，雖然很像踩線的買方，但那是我唯一的機會點，而且跑來跟我搶值班電話的那個學長，一整天下來也沒有接到買方，心想只要還有機會就不要放棄，沒想到隔天時間到了奇蹟居然出現了，一對夫妻從台北坐高鐵下來，打電話給我們請我們去高鐵站接他們，原來打電話進來的是太太，太太真的很年輕，她是看公司的台北稿（報紙稿），太太不怎懂房地產，只是他們剛好有一筆現金，想說來台中逢甲、水湳經貿園區附近置產，於是我們帶他們去看前一天非常想看的那間店面，跟逢甲便當街的店面，還有我那件個人主推大地坪邊間透店，還開著車帶他們逛完逢甲跟水湳，大小環境沿路

介紹的非常仔細，後來這個買方還被我們感動，覺得我們的服務比其他仲介好太多了，於是跟我們買了，我的個人主推，而且還是菩薩指示的價格，當然屋主很開心，我也很開心，而且該價格還創下了當年該地段的新高價，這是我入行第100天仲介生涯成交的第一個案子，因為那時候很困頓，差點放棄做仲介去7-11打工，所以非常有感覺。

在這裡小菜勉勵仲介業的朋友，不管你入行時間多久，資歷多深，你一定要非常重視屋主交給你的委託，不管買方有多年輕你一定要盡心盡力服務她，如果你能時時抱著新人的態度做事，那你一定是一個優秀的經紀人，感謝觀世音菩薩。

強協理提示

不說「不可能」三個字。

破紀錄！超越自我

　　在仲介這行我的第一件委託是400萬的華廈，第二件委託是親戚的一房一廳300萬的房子，第三件委託是南投一塊600萬的香蕉園農地，而且在深山裡，重點我還帶了一個朋友介紹的客戶去看那塊香蕉園，出發前還被店長懷疑是不是要去溪頭玩，這是我入行第一個月所有的委託，當然以我那時候的能力根本成交不了，後來那兩件400萬跟300萬的案子，還被專門做小華廈的仲介成交了，那時候的我只要有委託我什麼案子都接，小到50萬的套房也接，最大的案子也只有2000萬。這是小菜我個人入行前半年時接的委託產品，那時候看公司資深學長、店長都成交3000萬以上的案件，一泡業績破百萬，對那時候的我來說是何等的遙遠。

　　還有學長在分享成交6000萬的一中店面、逢甲1億的店面，一泡業績破二百萬那時候公司內部的個人業績紀錄保持者才二百多萬，且懸掛多年的紀錄無人能破，12年前的置產型物件價格只有現在的1/3、1/5，所以當時能成交

5000萬的產品都會稱作破紀錄產品，包括那時最有名的劉媽媽在逢甲買進5000萬的店面、6000萬的文華路店面，都能震驚逢甲區的仲介。

當然案子不能嫌小，從600萬、700萬、800萬的產品慢慢成交，隨著時間跟經驗的累積，能力人脈不斷的增加提升，漸漸地發現2000～3000萬的產品已經成為我的主力成交產品，後來持續挑戰4000～5000萬的成交總價產品，一直不斷的超越自己，不斷的破自己的紀錄，在業績單位你真的要有不斷挑戰自己的企圖心，因為不進則退，而且每件破紀錄的成交都會成為一個自己難忘的故事。一直到兩年前我有五個老客戶突然跟我說要買1億左右的店面、收租置產。這時我才意識到跟我買置產型店面的這些老客戶，在我長期的經營之下，對我的信任感也來到以「億」為單位了，以前不是沒有能力購買，而是對我的信任感還沒有達到可以託付以億為單位的案子，因為我的各項條件都沒有到達他們的標準，所以只有累積沒有奇蹟也很適用在破紀錄的產品上，你有沒有成長，你有沒有用心，你的客戶

真的都看在眼裡、放在心裡。

　　小菜我個人有一個成功案例是一間飯店，也可以說是一棟小型大樓，因為土地面積約180坪，總建坪約1100坪，不大不小的一棟大樓，成交之前該買方已經和我成交三次店面跟土地，但都解約了。下過的斡旋最高3億最低6000萬，前幾次都沒有得到服務費，因為我都是無條件解約，但有時候屋主會要求一些賠償，那我就沒有辦法了，只能請我的老客戶加減補貼一下屋主，我的老客戶是一個厚道的台商置產客，他都有補貼違約金給屋主，甚至別人買他的房子違約了，他也沒有求償。經過兩年的經營，前前後後看過談過的案子不計其數，同行也有幾個好手也一直在經營此位客戶，所以過程很競爭也很辛苦，直到這棟飯店出現時我們才順利成交。但該飯店已在市場上有賣了一段時間，甚至他都比我更早知道有在賣，只是該屋主都沒有簽委託給仲介，都是口頭承諾而已，但是在我得知該飯店有在賣的訊息時，立馬跑去太平拜訪屋主，直到第三次跟屋主說明簽委託的重要性才順利簽到委託，市場上可能只

　有我有簽委託，因為這種大案子簽委託的意義不大，因為沒有什麼買方，但是我的客戶非常明確，而且曾經收過逢甲商圈3億店面的幹旋，所以為確保買方的權益跟幫屋主把關買賣交易安全，所以很明確的要求委託，「敢要求」才能讓屋主感受到你的誠意，你真的有買方。

　　在取得屋主明確授權後，盤點了幾組VIP客戶，也順利的收到第一張幹旋但因為價差太大，價差有3000萬，所以買方不願談也不願加價，屋主願意來談但不願意降價，所以等於是一個無效的幹旋跟當面談邀約，在一般的仲介眼中是如此，但我卻認為是一個絕佳的機會，於是我就鼓勵了該台商跟他說下幹旋的買方不來談，那我們來談看看，因為他前前後後跟我談了超過十場以上，所以非常信任我當面談的技術跟能力，所以也答應我來談看看，第一次出來談時屋主真的不願意降價，「破局了」，隔了一個禮拜我不死心又約買賣雙方再來談第二次，原本雙方都不來談，後來在我熱情、積極的邀約下雙方還是來談第二次，第二次出乎意料的順利，居然談成了，而且我們仲介

方也得到合理的報酬。

　　這個成功的案例告訴我們熱情、積極的心再加上為顧客努力打拼的行動力才是成交的關鍵，無論過程中有多辛苦，只要買方沒有說不買、還是買到了，都不能放棄，只要屋主沒有說不賣、還是賣掉了，你都要堅持下去，你絕對是那一個比買賣雙方都要更堅持的那個人，這樣你才能成交且不斷的成長，不斷的精進，不斷的破紀錄！超越自己。

仲介生涯的撞牆期

放棄是最簡單的選項

　　房仲工作是一個需不斷學習，且遇到瓶頸需不斷突破及成長的工作，而每隔一陣子總會碰到撞牆期，發生頻率最高的時期是在新人前三個月時期，這難熬的三個月也是新人離職的高峰期，常見的狀況原因有：

一、環境不熟悉，店頭氣氛不佳。

二、師父、學長姐、店長要求嚴厲。

三、陌生開發、簽委託處處碰壁。

四、同儕影響一起離職。

五、有一定委託庫存量，但都被同行成交信心大受打擊。

六、公司保障底薪期間已滿，要面對收入不穩定的狀況。

七、前半年、一年可能只成交一件兩件，不符合經濟效益放棄了。

八、未達到公司的考核標準，被公司考核掉了。

即使熬過前一年，又會遇到第二年的循環撞牆期原因有：

一、最常見的是好像什麼都懂，但都是比較粗淺的知識，做事都六、七分無法做到成交的程度，所以買方常常被同行結案，屋主常常被同行成交。

二、經營產品別一直沒有辦法提升，一直停留在做小案件，導致沒有成就感，收入偏低。

三、所在店頭團隊不強，在市場上被邊緣化。

四、曾經搭到好景氣的順風車，在景氣往下滑時無法適應。

五、想轉職到其他行業或環境因素。

六、職業倦怠。

七、家庭因素。

八、升遷管道受限。

以上所述是新人時期到中生代的階段常發生的狀況，每次撞牆期的時候，你都有可能會放棄或轉職，基本上你

身旁的人只能協助你或鼓勵你，但真正能夠幫助你的只有
「你自己」，很多時候都是要靠自己撐過低潮期，其中有
一個心理素質就是「意志力」，它可以幫你自己渡過低潮
期，所以你的意志力有多堅定你就能走多遠，你的意志力
有多強大你的成就越輝煌，所以不管你在仲介業，遇上了
什麼困難你一定要告訴自己我可以的，不管遇到什麼難關
一定要用你的意志力挺過去，人生都有機會逆轉勝。

強協理提示

在遇到困難時要具備有三個自我的能力：自我激勵、
自我轉換、自我調節。——嚴長壽

往事只能回味

忘記過去，專注當下、不斷向前邁進，有時候時常看
到市場上一些公司在造勢，才想起小菜我好像有幾條一樣
的彩帶，從倉庫裡去翻出來，找到從剛入行即拿下公司新

人王，到拿年度Top店的彩帶，身為一個專業的經理人不是一再的追逐彩帶跟獎盃，身為一個專業的經理人應該要為客戶圓夢，為客戶把關買賣交易安全，這幾年來我有很多上台領獎的時候，我都請同仁上台幫忙代領，直到最近不能代領了，同儕就問我為何不上台領獎，要放棄，我都笑笑的說寄給我就好，從事業務生涯二十年，獎盃、彩帶、布條、立牌不計其數，看著這些榮譽，心裡總是想說以後有機會說故事給子女聽就好，無需拿出來彰顯自己有多厲害，畢竟一個真正的強者不需要到處去跟人家說他是強者，因為天外有天，人外有人，大家都標榜自己最棒，每個人都宣稱自己是業績第一名的仲介，但客人有時選擇的是服務度第一名的仲介，並不是業績第一名的仲介，況且第一名不是自己說了算，必須用消費者的角度來思考，唯有讓客戶肯定你這才是真正的第一名，但我常常對我自己說的一句話就是、保持謙卑、時時歸零，時時把自己當新人，認真的為每一位客戶圓夢、這才是我們真正的價值、照顧好我們的同仁、家人才是最重要的。

YOU ARE THE ONLY
You make my heart smile

李逸強君 榮獲 97 年度業績達成第九名

房屋店績效第四名 李逸強

業績達成第6名 李逸強

房屋績效第一名

店績效第二名 李逸強

房屋績效第二名 李逸強

PiTu PhOTO

強協理提示

哪些公司曾經幫助你成功？

哪些人曾經對你雪中送炭？

哪些人在你掉入懸崖中拉你一把？

別人曾經幫助你，你要如何效法幫助其他人？

庫存量

◆大案要多　小案要強
◆溫飽型
◆拿手型
◆破紀錄型

　　庫存量是一個業務跟一家店業績的最根本的指標，委託庫存有多少？將會關係到該店會產生多少的買方，跟多少的業績，對於一個經紀人來說最基本委託庫存量是20件上下，要有穩定業績是落在30件左右，業績表現在高標的經紀人委託庫存量都會超過50件，量大取勝嗎？原則上是，也不是，更高竿的經紀人除了量大外，質也是關鍵，因為有什麼樣的案子就會吸引到什麼樣的買方，所以選案跟進案也要過濾才不會又再瞎忙，通常是大案要多，小案要強，小案如果不強、量又很大，那你會花很多的時間在做瑣碎的事情，所以小案要很有賣點，最好是專任可以快速去化，這樣你才不會浪費太多時間在小案上。

　　大案要多，你才能吸引到中高階的買方，再以中高階的買方去指定開發，創造更優質的庫存量，優化自己的庫存，進而在優化自己的買方，產生正向循環。再來就是以自己的能力去分配比例，一般我會建議，三成溫飽型產品、六成拿手型產品、一成破紀錄型產品，以你自己的能力跟市場變化再去做調整，剛入行或新人中生代最好是以

溫飽型產品作為出發點，因為你最主要的任務就是存活下來，存活下來以後再去盤點你成交的案子哪些是最拿手型產品再去做調整，如果可以持續成交拿手型產品時，就可以把部分比例放在破紀錄的產品上，你要不斷地打破自己的紀錄，你才能不斷的成長，格局才能不斷的提升，業績才能保持在高而穩定的狀態。所以要隨時檢核你的庫存，重量也要重質，比例分配也要拿捏好，這樣才能業績一路長紅。

> 人生就好像是迴力鏢一樣，你投擲出的是什麼，收到就是什麼。——卡內基

一切紀錄都是從被羞辱開始

日本打擊之神、鈴木一朗曾經說過：「一切紀錄都是從被羞辱開始。」

　　鈴木一朗轉戰美國職棒大聯盟時，在記者會上被記者問到：「你以亞洲人的體格，要如何在這大聯盟與這些形體高大、來自世界各地的頂尖選手對抗？」之後鈴木一朗以各項驚人的紀錄回答了該記者的問題，這個小故事是來自前公司總經理在聯合月會的一段話，我一直銘記在心。

　　12年前入行時，我因騎腳踏車受傷膝蓋痛到無法走路，但因怕錯失報到的機會仍咬緊牙根到直營店報到，經過三天的新人訓練後被分發到逢甲的店頭，但因腳受傷晚上需回去看醫生，無法配合店頭作業拚到晚上12點，因為新人要最晚走，每天八點不到即跟店長報備要回去看腳傷，而此舉動被那時候的店長當成我是去騙四萬底薪的新人。

　　有次店頭聚餐我因看腳傷無法參與，隔天我同梯的夥伴看到我跟我說，昨天聚餐店長還說那個「掰咖A」會做超過一個月嗎？之後我撐了兩個月，腳傷也好了，店長還把我叫過去跟我說：「公司再給你兩個月時間，如果無法做到公司規定的業績，你就不用來了。」那時候對一位委

託庫存只有6件，毫無仲介經驗的我，簡直是不可能的任務，當下的想法是我被當成是來直營店騙底薪的業務？

來仲介業之前，我在中國信託是全國TOP 20、年收入超過200萬的行銷襄理。被當成騙子來騙底薪的新業務？情何以堪？做得如此沒有尊嚴到不如回家賣滷肉飯。

但當下我馬上轉念：沒有業績、沒有錢、沒有成就，哪來的尊嚴？

所以當下開始我便更拚了，每天電話量超過30通，庫存量來到20件都是店面，現廣來到15面。

終於在第三個月又十天時，順利成交了一件店面的案子，但因前公司是搭檔制，所以案子進行的很順利，很感恩搭檔跟團隊合作。

幫助我能成功達到店長的要求，順利轉成正式人員留任成功，接下來在該公司連續六年，年度頒獎時我都是站在舞台上領獎的主角，每年家人都有來為我頒獎，第六年拿下年度店頭業績，跟達成率、雙料冠軍時，公司還幫我製作了一個兩層樓高的大型布條，這些紀錄都說明了，當

你陷入人為困境時，千萬不要抱怨，抱怨也沒有用，你要振作起來，重新奮鬥，你只能默默地記取教訓。

強協理提示

當你放下面子，賺錢時，你已經懂事了，當你用錢賺回面子時，你已經成功了，當你用面子賺錢時你已經是人物了。

魔鬼往往藏在細節裡

仲介的每一筆成交都有很多的小細節，如果你在成交的前中後沒有把細節做好，往往會造成客訴跟代書流程的抱怨不斷，一般來說會有客訴才算是正常，因為不動產買賣的金額非常的大，很多人一輩子可能就只有買賣一兩次，所以買賣雙方都會非常在意細節。以下有幾點基本事項要注意：

CHECK LIST

- ○漏水
- ○海砂屋
- ○輻射屋
- ○凶宅
- ○租約、租期、租金
- ○裝潢屋是否附贈家具、物品
- ○實價登錄
- ○建坪有無落差
- ○鑑界、地籍套繪
- ○稅、契稅、增值稅等等
- ○代書費、履保費
- ○增建、違建
- ○管理費
- ○學區
- ○交通
- ○風水忌諱
- ○地上物、建物保存登記
- ○仲介服務費
- ○房價
- ○建蔽率、容積率

　　不動產的買賣細節相當多，身為一個專業經紀人要嚴格為客戶把關買賣交易安全，其中以經紀人的態度最重要，大小事項都必須如實告知，「先誠實再成交」，千萬不能只有單純的想，太好了有業績而為了成交有所隱匿，如果超出自己的專業知識，千萬不能裝懂也不能做出不當承諾，因為你如果做超出你的能力範圍的承諾而造成客戶的損失，有可能你的報酬還無法賠給你的客戶，嚴重的情況還有可能吃上官司，所以身為善良經紀人、專業經紀人一定要很嚴謹在意成交的每個細節，「因為魔鬼就藏在細節裡」！

強協理提示

　　恪守誠信，說到做到。

培養客戶信任感

1. 議價回報
2. 拍攝物件照片. 製作行銷照片
3. 找到與客人共同興趣
4. 回報買方狀況
5. 分享市場訊息. 行情交流
6. 多一份用心. 關心買賣狀況
   關心物件是否需清潔
7. 掌握主導權
8. 滿意的價格
9. 以案養客
10. 檢視電話量
11. 面訪討論

買方十問

1. 多少要賣？

問到價格時，首先要做的：

一、就是要淡定，不能見獵心喜。

二、就是要反問買方有喜歡這個房子嗎？如果答案是有喜歡那接下來的是帶買方回店頭，找一個安靜的地方坐下來喝杯茶或咖啡。

三、還不是回答多少要賣的時機，而是先介紹產權調查、不動產說明書，為客戶把關買賣交易安全等以上事情到位後，再幫客戶詢問開發經紀人或該案子開發店店長。這樣才能回答屋主正確多少要賣、要談的價格。

2. 為什麼要賣？

每一個成交一定有個故事，每一個屋主要賣也有他的故事，只是一般來說都不是表面上看到的那麼簡單，即使是投資客也如此，表面上唯利是圖，但有時候也會因為投資失利或佈局錯誤不得不忍痛割愛，那一般人的狀況可分

為以下幾種：

（1）換屋：有時候是大換小，不是每次都小換大，例如：小孩長大了沒住在一起，不需要那麼大的房子。

（2）起家厝：到了不得已要賣的地步，忍痛割愛。

（3）結婚：換更好的所以要賣，離婚了離開傷心地或為夫妻共有財產所以要賣掉舊房子。

（4）人口數增加住不下，小換大的。

（5）舊換新、多餘資產需要處理。

（6）承租客不好、討厭該房子（但一般屋主仲介都不會說是這個原因）。

（7）繼承家產，兄弟姊妹要分家，所以要賣。

（9）資金需求。

以上所列是大部分的情況，所以帶看也要去了解該房子為什麼要賣，而不是一直介紹優點，要知道你買方買到什麼樣的房子，盡到善良經紀人的本分。

3. 屋主有資金需求嗎？

　　正確來說，每一個人或多或少都有資金需求，郭台銘買夏普的時候也有資金需求，只是不知道需求的程度大小，如真的想要了解屋主有沒有資金需求，最快的方式就是下斡旋或約屋主當面談。

4. 底價多少？

　　問這個問題的買方是很正經的客戶，正考慮要做決定了，所以有可能跟其他經紀人成交了，所以這個時候，最好的辦法是帶買方回店頭請求店長的協助或打電話給店長（如果店長不在店頭），由上級主管或開發經紀人來回答屋主底價是最恰當的，因為一般市場上的屋主都會有底價，如果不說買方會不信任你，如果說錯了又會讓屋主錯失賣房子的機會，所以最好的方式就是請求支援。

5. 第幾手屋主？

　　每個買方都喜歡第一手屋主或當第一手屋主（所以跟建商買自己當第一手屋主），為什麼？

　　怕買貴、怕屋主賺太多、怕投資客買來轉手給他，那反觀跟建商買預售屋，當第一手屋主的那些買方真的百分之百賺錢嗎？或者第一手屋主真的比較便宜嗎？所以重點不在第幾手屋主，重點在房價合不合理？重點在房子有沒有符合你的需求？重點在你喜歡這個房子嗎？幫您圓夢才是重點。

6. 現在是買房的時機嗎？

　　任何時間點都有人問這個問題，坊間也有很多有趣的回答，但為什麼買方要這樣問，想買、猶豫、信心不足、容易被親友影響、擔心、謹慎、目標不夠明確，買房是一輩子的事（重大決定），可能有以上種種原因，但是身為仲介從業人員，最直接的回答是「可以」，現階段就是買房的「好時機」，但是這只是對立的回答而已，沒有真正

了解買方的心情，所以要反問他為什麼這個時機要出來看房子、買房子？傾聽他的想法，因為只有了解他真正的想法跟需求才可能幫助他買到房子，而不是一味的灌輸他一定要買房子或買房有多好之類的觀念，因為我們是一個以人為本的產業，所以一定要站在你客戶的立場去思考，去做這樣才能幫助他圓夢。

7. 賣多久？有人出過價嗎？出多少？

價格偏高、總價偏高、賣相不好，賣的時間就會長，沒有人出過價就是價格偏離行情，出價的意義也不大，出過多少？代表是市場參考價格，有人出價就是一個參考數據，但不是行情。以上是買方的思維，所以以上問句你都要照實回答，先誠實再成交。

嫌貨人才是買貨人，沒有要買就不會問了，也不會嫌棄，所以一定要順著對方的問題去回答與之同一戰線，千萬不能對立。你要換位思考，而不是找理由來掩飾或說假話做動作。一句話先誠實再成交，如實告知。

8. 建議我如何出價？

　　信任你、認同你的買方會直接這樣問你，首先要恭喜你是一位專業又優秀的經紀人，但身為一個專業的經紀人是要如何讓你的買方買到房子，而不是讓他喜歡的房子被別人買走。以下提供幾個基本方法：

（1）開價買。

（2）要約（出一個屋主願意賣的價格）。

（3）斡旋（支票、現金）當面談（直接約屋主來談、但要加價、需帶支票或訂金、可以當下決定者）。

9. 房價還會漲嗎？

　　若買方沒有不動產想投資置產、自住、自用，就是已經擁有了一些不動產的客戶，通常會關心該房子是否喜歡、合用，因為漲跌都是他自用也不會套現，所以會不會漲也不會影響他的用途，如果他真的非問會不會漲，那就是要買對產品，地段、稀有性、未來性、跟對經紀人買，

因為一些置產型物件不是一般經紀人可以處理的，要有能力跟經驗的經紀人才有辦法順利成交，所以你只要找對經紀人跟產品，那你買的不動產就會持續保值、增值。

10. 價格過高、不知道如何出價？

想買但又怕買貴超出預算，或是場面話，不喜歡，如果是後者那就持續帶看，配案或深入了解需求，但如果是怕買貴就提供周邊行情，實價登錄或之前買方出過的價格做為參考，順利引導出買方心中的理想價格，才能更進一步為買方努力價格。

強協理提示

自己不能勝任的事情，切莫輕易答應別人，一旦答應了別人，就必須實踐自己的諾言。——華盛頓

07
成交基本技巧

約看基本功

約看基本注意事項（兩個八）

當你入行三個月後，你會有一定的委託庫存量跟累積了一些基本的房地產專業知識，這時候的你也必須了解房仲業這行業的一些基本觀念，你如何去行銷跟賣房了，這時的你會進入銷售時期，不是只有開發屋主簽委託回報屋主做辛苦度而已了，你要開始約看帶買方，最基本的就是你要開始約看店頭的公共買方。

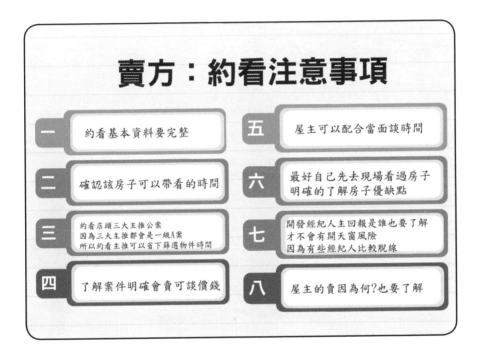

賣方：約看注意事項

一	約看基本資料要完整	**五**	屋主可以配合當面談時間
二	確認該房子可以帶看的時間	**六**	最好自己先去現場看過房子 明確的了解房子優缺點
三	約看店頭三大主推公案 因為三大主推都會是一級A案 所以約看主推可以省下篩選物件時間	**七**	開發經紀人主回報是誰也要了解 才不會有開天窗風險 因為有些經紀人比較脫線
四	了解案件明確會賣可談價錢	**八**	屋主的賣因為何?也要了解

以上該案件掌握清楚狀況後，才來打電話約看買方，這樣才能精準的約看買方，才不會一問三不知。

買方：約看注意事項

一、先了解公買上的資料，買方的需求、價格、學區、交通、商圈、坪數、房間數...等才能找出符合需求的房子。

二、打電話過去給買方一定要先自我介紹：您好，我是xx不動產公司我是小菜，請問陳先生你還有在找房子嗎？
我們有準備符合您需求的精選案件，不知您可否撥空來鑑賞。

三、以量取勝等你以相同的約看方法打給公買或有買方需求的人，每十通可能產生一通有效的客戶，等你打到一定
的量時你就會累積一些口袋名單。

四、買方分A、B、C、D級，有錢、有急迫性、可決定，一定是列為A級客戶，A買、配A案、跟配A咖經紀人。

五、剛性需求客戶，你要很多耐心、細心、用心介紹案件跟帶看，經營他。

（註：剛性需求：自住、自用、自購、換屋）

六、你要詢問買方，方便看屋跟收簡訊LINE的時間，還有比較方便接電話，約看的時段，準確掌握
買方看屋時間是很重要的。

七、約看的地點也要明確、路名、地址、社區名稱、地段一定要說清楚，以防客戶找不到地點。

八、熱情、積極讓電話那頭的買方感受到你的正能量。

強協理提示

屋主、買方各八點要注意，希望對你的約看有幫助。

委託篇

　　每一個委託都是客戶對我們的信任與肯定，我們一定要為客戶把關買賣交易安全，把客戶當成自己的家人。任何一個屋主把房子委託給房屋仲介處理，最主要的目的就是成交一個好的價格，並且能夠為屋主把關買賣交易安全，讓客戶能順利拿到賣掉房子的款項。

　　市場上曾經有一個案例，兒子幫媽媽賣掉房子，結果過兩個月後媽媽跑去該仲介人員的公司詢問為何沒有拿到錢，經由詳細了解後才知道兒子有完整的授權，所以在交屋完成後順利拿到款項就跑了，母子之間尚且都有此類的欺騙行為出現，何況是仲介公司呢？所以我們幫任何屋主處理房子時，最重要的目標應該是幫他把關買賣交易安全，且要真正的去了解屋主背後的售屋動機，真正的屋主是誰、Keyman是誰，是否另有其他所有權人，產權是否清楚，所以每一份委託都是需要屋主親簽或是有親簽的授權書，甚至要求屋主提供權狀影本核對屋主身分證字號，確認其產權無誤，因為每一份委託都是屋主對我們信任及託

付，所以我們都一定會製作不動產說明書，並將其產權調查了解清楚完整，以上的步驟是任何一位經紀人取得屋主信任安心把他的房子交予仲介的第一個步驟。

簽委託步驟我們再來複習一遍：

1. 委託書填寫完整。

2. 履約保證的解說。

3. 委託書屋主親簽或是提供親簽的授權書。

4. 權狀影本或成交時需提供權狀正本承諾書。

5. 提供身分證核對屋主身分。

6. 提供附近實價登錄跟社區實價登錄的資料。

7. 個人資料法保護同意書。

8. 現況說明書勾選需完整。

9. 最後製作不動產說明書產權調查。

以上步驟為簽委託基本功的第一步

快速委託的步驟

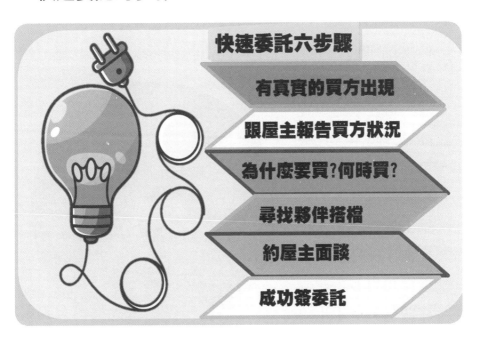

快速委託六步驟

有真實的買方出現

跟屋主報告買方狀況

為什麼要買?何時買?

尋找夥伴搭檔

約屋主面談

成功簽委託

拉五同

　　如何快速建立信任感，拉五同是一個好方法，訪問一個拉五同的高手同事，同事分享拉五同可以增加親切感，快速拉近彼此的距離，信任感可以提高，做起事來比較可以通融方便，客戶對業務比較容易說出心裡話，合作也會比較愉快，如果你想與客戶建立好關係，下次也可以試試拉五同這方法。

強協理提示

　　打擊與挫敗是成功的踏腳石，而不是絆腳石。

銷售七字訣

了　了解
試　試探
堅　堅持
出　出價
斡　斡旋
當　當面談
成　成交

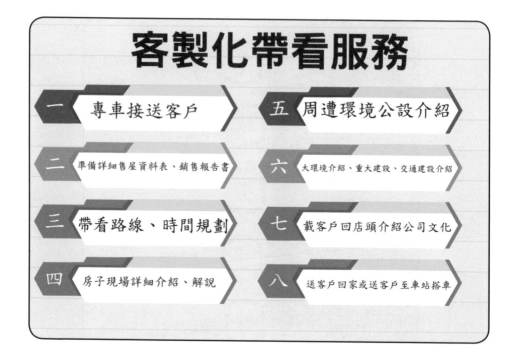

客製化帶看服務

一	專車接送客戶	五	周遭環境公設介紹
二	準備詳細售屋資料表、銷售報告書	六	大環境介紹、重大建設、交通建設介紹
三	帶看路線、時間規劃	七	載客戶回店頭介紹公司文化
四	房子現場詳細介紹、解說	八	送客戶回家或送客戶至車站搭車

無招

　　從事不動產仲介業多年成交無數的店面、土地豪宅，協助同仁當面談無數的房子，深知仲介這行業有無數的促銷手法、結案話術、開發、議價銷售十八般武藝樣樣精通，經過多年的磨練結案無數的客戶後，深深的感受

到唯有放下所有的話術動作「真心誠意」對待你的客戶，
對待信任你的人，才是真正的高招，也就是「**無招**」不做
任何的動作，不說任何的銷售話術才是真正的「善良經紀
人」。

> **強協理提示**
>
> 在此祝福業界打拼的朋友都能成為真心誠意為客戶圓
> 夢的專業經紀人。

如何幫助買方買到喜歡的房子

　　通常你喜歡的房子往往別人也會喜歡，為何會如此，
通常我們會說因為該案為三A的Apple物件，**三A指的是賣
相佳（Ａ）、價格好（Ａ）、屋主配合度高（Ａ），這三
個A**，那這樣的房子往往不只有你的客戶想買，同事的客
戶、同行的客戶也想買，所以該如何提高你客戶買到的機
率。

　　首先，你要確認的是屋主的行蹤，跟屋主可配合當面談的時間，再來是重複確認屋主的價格。

　　再來才是約看你的買方，當然買方的時間、價格、訂金，能否做決定也要重複確認，

　　第三是看完該房子之後，如果你的買方有喜歡，只剩價格問題時，你必須帶客戶回店頭，跟買方講解買到房子的四個步驟：

　　通常好的房子，開價都可以買，但如果還想要有議價空間，那就下要約書或斡旋書，要約是不用現金或支票，斡旋是需要現金或支票，但此兩種方法買不到的機率會高一點，因為中間還有一些時間差，所以開價買是最保險但是又會怕買貴，第四種方式當面談是CP值最高的，買得到又不會買貴，但有時候屋主會要求有斡旋才願意出來跟買方談價格，這時候買方下斡旋就要有技巧了。

買房
四步驟

三 下幹旋

一 開價買

四 二

當面談

要約書

一、價錢是屋主願意出來談的價格。

二、必須比同事、同業的買方出的價錢高。

三、買方是可做決定和加價的Keyman。

有符合上述三個條件時，通常我們還必須報備店長和開發經紀人，確認自己的買方是否為第一順位，才可以跟屋主談價格的買方，完成以上的細節後，你還不能百分之百保證你的買方買得到該房子，直到當面談，確認所有細節跟條件到簽約完成為止，甚至到交屋才算是一個完整的買賣交易流程。

強協理提示

人生不一定球球好球，但是有歷練的強打者，隨時都可以揮棒。——證嚴法師

當面談基本技巧

當面談基本注意事項

多年下來平均一個月當面談五場，店面、土地、豪宅的談判經驗，不敢說自己有多好，只有一些小小心得，可以跟同行先進做分享，希望各界能多批評指教，讓我能百尺竿頭更進一步（感恩）。

一個案件當面談是簽約的前哨戰，一但進入當面談階段，表示買賣雙方都想簽約成交，而當面談成功要歸功於買賣雙方經紀人，事前所做的一切努力，還有感謝客戶給予我們這樣的機會，主談者只是扮演一個公平、公正又有同理心，順水推舟的角色而已。

首先分享一些當面談的基本功，基本技巧：

當面談基本功

○產權調查是否完整 (註1)

○買賣交易安全把關 (註2)

○完整代書流程介紹

○自備款、貸款問題確認

○買賣的付款方式 (註3)

○賣方的權狀正本

○租約細項、租約正本確認

○keyman、所有權人、買方本人有無到場

○買賣雙方,在談判一個合適價格時
　可否做決定

○如果是土地,還需地籍套繪圖

註1:有無增建.漏水.海砂輻射屋.非自然身故等
註2:有無履約保證
註3:需帶支票或現金

　　以上所列只是起談前的一些細項確認，不要小看這些細節，往往「魔鬼藏在細節裡」。

　　再來就是要確認買賣雙方身分背景，跟時間的掌握，跟價格節奏的拿捏，另一個重點就是要公平公正，這就是一個專業經紀人的職責，因為我們需扮演好仲介的身分，不能有所偏袒。另一個重點是雙方需說好話，高竿的主談者需創造一個三贏的局面，屋主需要賣好價格，買方也要買到好價格，仲介需要收合理的服務費，所以過程中需要有「辛苦度與信任感的存在」不能有對立的情形發生，所以一場漂亮的當面談，除了三方得到應有的成果外，還要有成交的喜悅，感恩的心。

　　房仲的最高境界就是買方買得開心，屋主賣得高興，業務得到合理的報酬，所以言語中不可失言，動作上不可失誤，不要自己放地雷，不然主談者會變成豬八戒照鏡子裡外不是人，心法這麼多，但數字、成果往往會說話，沒有絕對的對與錯，只有能更好。

　　還有一個很重要的元素，就是主談者的**「經驗值」**因

為每一個經紀人，一個月最多可能只有三場當面談，一兩個成交（Top Sales除外），所以每一個經紀人都很重視他的案件當面談成交，如果你想當一個稱職的主談者，「經驗值」真的很重要。

超值的服務，還要有好的主談者。

列出房屋的十大優勢

知其短用其長，對人是如此，房子也是如此，我們要了解房屋的缺點是什麼，然後誠實告知買方，再來就是每間房子一定有一個對的人來買，所以我們要找出那一個對的人，適合這個房子的人。首先我們要列出這個房子的優勢，以案找人，突顯房子的優勢但不隱匿短處。

十大房屋優勢

| 地段 | 學區 | 公園綠地 | 交通 | 品牌建商 |

樓層視野公設　重大建設　商圈優勢

便利性　未來性

　　每一個房子的優點都不太一樣，但是你一定要盡全力去發掘它的優點，這樣你才能順利賣出屋主委託給你的房子，以上列出十個發掘優勢的方向，只要找到喜歡該優點的買方，那成交的機率就會大大的提升，所以你要養成看房子優點的習慣，這樣賣起房子來才會比較得心應手，但切記絕對不能隱匿缺點，即使告知了買方，買方會因此而退縮不買也要誠實告知。

當面談進階技巧

當面談——最主要的任務就是要讓買賣雙方價格到位，次之才是仲介服務費，如果你的出發點或結局都是卡在仲介服務費，那你就真的不高竿，所以好的主談者，就是要達到買賣雙方的價格又收合理的仲介費，且買賣雙方不抱怨，即使知道你收足佣金6％也不會抱怨，基本上有些業務會錯覺買賣雙方很在意仲介費或價格，其實他們更在意能不能成交跟買賣交易安全，如果不能成交即使你承諾能讓屋主實拿多少價格，甚至不收仲介服務費那也沒用啊！或你承諾買方多少錢可以買到，但買不到也是沒用。所以你要讓賣方有降價的心理準備，買方要加價的心理準備，再來引導雙方，朝成交價一步一步邁進。

你也可以建議雙方分三段式降價、加價，不用一次

降足、加足，可以慢慢談，但過程需要雙方都有時間跟耐心。另外一種方式可以讓雙方見面，先認識，證明仲介的當面談是透明化的，沒有密室交易，不讓買賣雙方離開（如果沒有談成），你一定要以客為尊，跟消除雙方的疑慮，建立起買賣雙方對主談者的信心，再拉開分成兩邊再由主談者從中穿梭，傳遞價格，免得雙方直接講價格產生尷尬，但這招屬於比較高段一點的方式，主談者需要很有經驗，不然見面了，反而破局或談不成好的價格，因為有的買方或賣方會脫口而出，說出心中的最底限的價格，這樣有時候就一拍兩瞪眼了，成與敗都只剩50％成功的機會了。所以通常都是判斷談成功機會低於50％才會選擇此方法，因為有時就是卡在買賣雙方沒有見面，雙方不放心所以價格才不加不降，所以通常是比較僵局的案子，才會建議雙方先見面，互相建立好感，再來談價格。

　　再來就是要多說好話，不能讓雙方或三方（包括仲介方）產生對立或不好印象，要讓雙方知道大家都很有誠意，仲介也很努力也很有誠意，這樣談價格的過程中，大

家才有台階一步一步的下來，來到成交的那一步。

　　還有一種是專業性的建議，因為有時候買賣雙方的經驗或專業度不夠，你就必須以專家的立場建議，大膽建議成交價，因為他們自己也不知道這個價格該不該買，這個價格該不該賣，但你要有辦法說出買的好處是什麼，賣的好處是什麼，要言之有物，一般來說基本技巧就是利多、利空的詳細說明，另外一種就是說故事的能力，但你說的故事要夠豐富，才能吸引客戶的互動，例如某某某因為買了該房子……有什麼好處，或因為買了以後家庭和樂、事業一帆風順……等等。成功的真實故事，聽起來很像不是很真實，但這些都會是真的，因為你買了房子、成家了，成家之後就立業，事業心就更重，因為成家立業責任更大了，你就會更努力工作、更會理財，漸漸的時間拉長，自然而然就會往成功之路邁進，所以你要有一些因為買了房子，而讓自己家庭事業成功客戶的真實故事，這樣你才能更專業的建議買方加價買房子。

　　基本上以上所述三個方法，對於一般總價不超過三千

萬來說已經很好用了，最重要的是你要有機會多談案子，這樣才能熟能生巧，越談越順利，成功率也會越來越高。

強協理提示

凡事第一反應：找方法，而不是找藉口。 ——王永慶

08

目標刻在鋼板上，
方法寫在沙灘上

好體能才能衝出好業績

　　沒有時間運動是我從業前13年的藉口，每天工作超過
12個小時，如果有當面談的時候會到半夜兩三點才回家，

全心全意全身灌注在拚業績、拚排名，看起來確實沒有時間運動，但事後我才發現沒時間只是藉口。

在我35歲那年，我在店頭門口彎腰撿東西沒有搬任何的重物，我的腰居然閃到了，快一個禮拜才恢復，當下我嚇到了，以前可以工作當面談到半夜，隔天一早8：30到公司的我，腰居然會閃到，而且我學生時期還是田徑選手，打了多年的籃球，從那時我開始意識到我的體力確實有在下滑，午休時間有時還睡過頭，想了一些辦法吃保健食品、喝雞精，但還是覺得那些都好像是特效藥，一開始精神體力有變好，但是隔了一段時間就沒有用了，體力慢慢再下滑，精神變差，思考能力也比較不集中，且因為工作量大、食量也慢慢變大而造成虛胖體質，通常在同儕間身體有此狀況，解決的方法就會採取休長假調養身體（女性居多），男同儕則是業績下滑或轉任調店跳槽不想那麼累。

我也曾經動過此念頭，但後來我想試著運動看看能不能改善身體狀況，一開始是健走，因為太多年沒運動，

人也變胖了，所以一開始趁中午休息時間去公園散步半小時，後來慢慢增加到一個小時，接下來加入晚上騎半小時的腳踏車，這些運動時間只占了我一個小時至一個半小時，且不影響作業時間跟業績，這樣大概持續一年後我發現明顯改善許多精神，體力有改善了，人也比較沒有那麼胖了，當然飲食也有在節制。

接下來的第二年我開始跑步，一開始跑不動只能跑十至十五分，慢慢的增加時間二十分、三十分、一個小時、一個半小時，後來還去跑半馬，參加幾場馬拉松下來體力也明顯變好了，人也不虛胖了，精神也變好了，一直到現在每周保持三到五小時的慢跑時數，已經有六年的時間了，一些腰酸背痛、痛風都好了，所以就像以前學校教的，

運動最補，你如果要有好的業績有高所得，前提之下你必需要有好的體力，體力夠、精神好，才能衝業績創高峰。

最偉大的財富是健康。——郭台銘

為自己訂定一個目標

業界有很多百萬經紀人、千萬經紀人、單月破三百萬經紀人、破五百萬經紀人、破千萬經紀人，年度個人業績破億，你沒有看錯，是「個人」，不是「店頭」業績破億，等於一家頗有規模企業的營業額，紀錄這麼多，我們要如何訂目標呢？

其實訂目標最初的本質是要為自己而訂，這是一場馬拉松賽事，你最大的對手是你自己，每天進步一點點，每週達到目標，每月達成目標，每季、每半年、每年都達成自己設定的目標，一點一滴的累積，就像已故NBA球星柯

比布萊恩說，你只要每天比別人多訓練三個小時，五年累積下來，你的對手不管做什麼樣的暑期特訓都贏不了你，因為你已經領先對手五年了，所以訂目標要為自己而訂，訂一個可達成又不容易達成的目標，目標訂定出來後要很堅定有如刻在鋼板上，勢必達成，當你每天、每週、每月、每季、每半年、每年、五年、十年目標都有達成，那個時候你自然就會成為一位優秀的不動產專業經理人（千萬經紀人）。

強協理提示

不要小看自己，因為人有無限的可能。——證嚴法師

毒蛇出沒之處必有解藥

通常店裡同事如果跟我推案，賣一陣子有降價、有現廣、屋主配合度高，但還賣不掉的房子，通常我會回他**「毒蛇出沒之處必有解藥」**，還會建議他去做奇幻25，以

該房子方圓一公里挨家挨戶去拜訪，因為以該房子前後左右各25戶就有可能有一戶要買或賣，如果你有這樣的案子，不妨試看看這樣做或許會有不一樣的收穫。

強協理提示

天下沒有完美的辦法，但總會有更好的辦法。

現場駐點

市場上有一些大型的店面，有時候會空租或原本屋主自用後來打算出售或出租，這類型的店面有些是角店，有些是雙透店或大型的樓店，而且位置點都是市中心主要精華地段的一級店面或一級商圈、逢甲商圈、一中商圈等等，這樣的大型店面如果空租對屋主來說一個月少則損失10～20萬的租金，多則50萬～100萬，通常屋主口頭說沒關係，但實際上也會很心疼，每個月會少進帳很多現金，如果你有機會認識到這樣的屋主，你要如何經營呢？

　　其中有一個方法就是每天或五、六、日都去該店面駐點、守現場、派報，但也不一定會賣掉該店面，但是如果你出租該店面屋主一定很開心，雖然你可能每天會花二、三個小時守在那個點，而且有可能一到兩個月都沒有任何績效，而且如果只是自己一個人守在那裡可能又會更孤獨，但是得到豐厚成果的往往是耐得住寂寞的房仲，過程很辛苦、無聊、乏味，但是偶爾會有一兩個大咖，置產客、台商、醫師會走進來參觀店面，他們走進來看的動機是想買或想租，或許比較想認識仲介（因為你看起來比較認真一點）或者想要賣（因為他有雷同的物件想租、想賣），總之如果他敢走進來參觀基本上都是實力雄厚，而且都是置產型大咖客戶，比較不會有小投資客進來，因為這類型案件總價大部分會坐落在五千萬至一億之間的金額，所以會走進來參觀的比較不會是一般人，當你有一些這樣的案件可以駐點時，你一定要很珍惜跟用心經營屋主，因為這些看似無聊、無效的駐點工作，可能會讓你認識很多大咖客戶，不一定會買你駐點的那個物件，但有可

能會跟你成交其它不同物件。

　　小菜我有幾個成功案例，因為駐點認識一位台商，因為這樣跟我買了超過五間的店面，累積成交總價超過兩億，而且還持續再成交。還有一位名醫也是駐點認識的，一出手就是成交一間七、八千萬的大型店面，還有一位建商也是如此，到目前為止也成交五次以上了，還有幾個成功的案例就不多再做說明。總之這是一個看似很笨的好方法，要不要去做就見仁見智。但是你也不要忘了要盡快幫屋主把房子出租出去，因為空一個月，屋主就賠一個月，你要趕快幫他止血。

強協理提示

成功永遠屬於馬上行動的人。

0-100-1000-10000

從0-100-1000-10000教你如何在彎道超車晉升為億張王牌

　　房地產最迷人的地方就是有無限的可能，每一個房仲業務進入這行都想拚百萬業績，賺百萬年薪

　　即使你身無分文或負債的狀況，在這行業你也有可能翻身為億萬富翁，以前有一位親戚去信×上班，他的夢想計畫目標是賺一億，我那時的想法認為他在作夢，但是你的夢想說出來不會被取笑，那還有實現的價值嗎？正所謂相信你就會看見，能夠看見就能實現，如果你的方法正確，執行力也能夠百分百落實，那你成為以「億」為單位的王牌也不無可能，如何成為「億張王牌」我有四個想法，但要如何達成就要看你的夢想有多大了，執行力有多麼的堅定。

一、成交案件

　　從0→100萬不難而且容易達成，只要你能存活下來就一定能成交，等你成交十件左右案件時，你一定要朝以千萬為單位的案件去累積，而且你一定要全力以赴去執行，但一定會有撞牆期打擊你的信心，使你會想再回去做一千萬內總價的物件，這時候你一定要堅持，耐得住寂寞，持續累積慢慢的一定會成交，一千萬出頭的案子，而且會坐落在一至兩千之間，時間大概會停頓一至兩年，耐心和恆心總會達到報酬的，而且可能這樣子自己就會覺得那是自己最高的滿足線，這時候你的資歷大概有兩年了，這時你應該要開始接三至五千總價的物件，但會面臨的是會更難順利成交案子，而且你當下在的團隊內一定是優質的並且要有對的教練協助你，不然你會抓不到訣竅，錯失機會往往都被同行破壞或成交，而且你要有一個很強的店長幫你當面談，這樣才能幫你把關很多的細節，跟交易安全，這樣的狀況有可能持續很多年一直到你的資歷約有五年左右，而且不常成交三千到五千的案子，大部分會成交你拿

手的案件一到兩千，我個人前五年的仲介生涯只有與同事合作成交兩個一億的案件，大部分還是以二千萬上下、三千萬上下為主，但是只要你委託庫存比例分配是對的，你就能持續成交溫飽型產品、拿手型產品、破紀錄產品。

二、年度業績

0→100萬真的不難，只要配合店頭節奏，有持續在房仲業留任下來的業務都可以達成。

0→1000萬，如果以個人來說確實有點難度，而且你要有天分＋100％的努力才能達成，市場上千萬經紀人確實不多，但還是有不少人達成這個目標，達到這個目標業務都有種同業的特質那就是一股「傻勁跟拚勁」，而且達到這目標的業務在市場上都會小有名氣，做起事來事半功倍。所以你如果有達成一定要愛惜羽毛，戰戰兢兢，這樣你才能成為市場的長青樹。

0→10000萬如果以個人來說真的很難，107年真的有一個業務達成，只能讚嘆房仲業，房地產真的有無限可能，

如果以店或團隊來說就相對容易，但是關鍵在於人數，一般來說年度人效為100萬，所以團隊或店的人數只要能達到100人，就有機會達到億萬團隊，這時留才跟育才就是關鍵了，你要有好的環境、好的教育訓練、好的升遷、好的管理、優質的文化，如果具備以上幾點這樣店的組織才能慢慢成長擴大來到億萬團隊。

三、買賣交易案件

你在不動產行業你一定要試著買進房子，先以百萬為單位，買賣超過五次以後你就會進階到以千萬為單位，但千萬為單位要累積多久才能到億，真的就不容易了，或許你無法買進一個一億的物件，但是你有可能買進五間兩千萬房子或十間一千萬的房子，但前提之下你必需是高所得的業務，因為你要有銀行的支持，而且要付得起房貸，所以你買進的不動產最好要有租金收益，這樣你才養得起房子跟自己和家人，而且要有多少實力做多少事，千萬不要超出自己的能力，但是市場還是有同行先進辦得到，我也

辦到了，但房子理財貸款壓力很重，所以還是提醒大家量力而為。

四、成為億萬身家

人生的滿足線在哪裡？因人而異！但自己一定要設定出最高滿足線跟最低滿足線，

綜合以上三個方法，一步一腳印，一點一滴累積，以時間換取空間，聚沙成塔，慢慢朝億萬身家邁進，不投機取巧。還是那句話，只有累積沒有奇蹟，只要循序漸進，目標終究能達成，我個人也還在努力，也祝福還在打拼的仲介朋友都能達成自己的目標跟夢想。

人生不是贏在起跑點，而是贏在轉捩點。

超感動服務

屋主的心聲

　　在你是新人的時期，打電話或陌生拜訪被拒絕或被掛電話，一定感到很挫折或覺得屋主很踐，有什麼了不起

的，脆弱一點的業務還會因為這樣而哭出來，但是你如果**換位思考**，你也會了解屋主為什麼要掛你的電話，為何要拒你於門外？尤其是網路自售屋主，明明就標明屋主自售（租）、仲介勿擾，但偏偏打電話來的都是仲介，登了一天買方、租方沒半個，仲介來了幾十個，光是接仲介的電話就好了，什麼事都不用做了。

　　另一種是明明專簽給一家知名品牌仲介公司，但是都沒有買方出現，反倒是其他品牌公司打來說她有買方要買，而且同一品牌還好幾間不同門市，打來說她有買方，等專簽到期後開放一般委託，簽了幾十間仲介，有的同一品牌四、五間公司來簽委託，有的有聯賣，有的沒聯賣，簽的眼花撩亂，一塌糊塗，兵荒馬亂的簽完之後所有的仲介都很有默契地回報買方需要再想想，再考慮看看，價格太高，家人不喜歡或需要覆看問神明之類的，總之就是一套SOP流程，同一時間買方都不見了，仲介也沒有打電話來了，有的仲介屋主打給他還有可能找不到人，只有偶爾有零星的仲介新人打來說她有買方，可否委託，這對屋主

是多麼殘酷的事實，原來他的房子沒有這麼夯，只是仲介有簽委託補庫存的壓力而已。

另一種狀況是，簽委託前講的好像要簽約了，還是講的屋主房子好像是林志玲，一旦簽走之後就變成如花了，簽委託前一直讚美，簽回去之後開始嫌棄，好像你家的女兒嫁不掉一樣，試問你是屋主對仲介有何觀感？

還有一種明明行情價、實價登錄都透明化，仲介就故意丟一個投資價格，低於市場行情一至兩成左右的價格，或丟斷頭價，好像屋主要跑路一樣。

其實簽委託、電訪、陌生拜訪你一定要言行如一，有買方就說有，有成交行情就說成交行情，個人或公司有什麼優勢就說什麼優勢，不用過度渲染，最重要的一點就是要「多傾聽屋主的心聲」，屋主的售屋動機，多站在屋主的立場去思考或你能為屋主做些什麼事，你能否幫上什麼忙。

把客戶當家人、朋友

業績單位注重的是業績，客戶在意的是權益，如何做到把客戶當朋友、當家人其實真的很難，不過身邊有許多成功的例子可以分享給大家知道。有人出國或去旅遊都會帶伴手禮回來給自己的親朋好友，有次看到同事帶了很多伴手禮，於是好奇的問他，才知道他都會幫他的老客戶多帶一份禮物，想一下你的朋友去旅遊多帶了一份禮物給你，你是否也會覺得開心。另一個同事就更厲害了，他把所有客戶的生日都記起來，只要有客戶生日他一定把蛋糕送到，而且已經做了很多年了，而且都是自掏腰包買單，所以我常常看到他的委託都是專任委託，客戶要買房子也一定指名他服務。

　　還有一種我也很佩服，有一些阿姨只有女兒沒有兒子，要去菜市場買菜或出遠門或看醫生都是業務開車接送，就好像自己兒子一樣，有的客戶甚至把自己女兒嫁給這樣的業務，真的變成了家人，

　　有一種就比較簡單輕鬆但需要很多的時間跟很會聊天，就是天天去客戶家泡茶聊天，這是屬於比較自由的房仲的做法，可能已經做20幾年了，做仲介這份工作已經變成興趣了，有空就到處找客戶泡茶聊天，沒有業績壓力也比較沒有經濟壓力，做房仲真的是在交朋友。

　　以上幾種類型的仲介都很優秀也很值得我們學習，唯有把客戶當朋友、家人，客戶才會把你當朋友跟家人。

信任是一切的開始。

仲介業就像水果攤

　　房仲業一家店就像是一攤水果攤，想要有生意可以做就必須要「進貨」你的「攤位」上必需隨時有豐富的水果展售才行，如果生意要好，攤位上要有當季、新鮮並且好吃的水果，還要有各式各樣的種類隨時供上門的客人挑選，如果你這一攤水果攤沒有賣他要的水果，客戶可就馬上走人，到別家去買了！

　　仲介業也是如此，你要有各式各樣的案件給客戶挑選，即使是同一款案件也要有價位、房屋棟別、地段、不同建商的案件可以選，而且還要是市場主流最常成交的案件款式，為什麼？因為有什麼的案件就會有什麼樣的客戶，有什麼樣的經紀人就會有什麼樣的屋主，如果你是認真值得信任的經紀人，那你會贏得眾多屋主的信賴，那你的委託庫存就會多而豐富，Apple案件如果多，那你A級買方也會多，才有銷售與後續成交的機會，所以你要把自己當一個水果攤，種類要多且要新鮮的水果，那你自然生意興隆財源滾滾。

　　經過大海的一番磨礪，卵石才變得更加美麗光滑。

感動式銷售

　　業界有很多促銷、卡價、收斡旋，佈當面談的話術、跟動作，小菜入行的前一年也是如此，學長店長指示的步驟、動作、話術，我都會照著做，當然也有成效，但往往成交後的代書流程抱怨的聲音就出來了，基本上客戶都會認為仲介為了成交不擇手段，這就是為什麼一般人對仲介觀感不好的主要原因，但是又有仲介會說如果沒有善意的謊言，推客戶一把，無法幫客戶買到想買的房子，成交才是最好的服務等等的話。往往會產生抱怨的客戶，一般比較沒有不動產買賣的經驗，也對仲介生態比較不了解，對仲介業務人員不熟悉，認知上認為他自己買貴了，服務費付2％太多了，對於以上這些業務人員跟買方的認知上的代溝，有一個方法可以讓買方破除這樣的疑慮。

　　一、就是把符合他需求的案子全部找出來帶他去看，甚至連市場沒有在賣的潛賣案件也幫他挖出來，等全部看完之後買方心中會有一把尺，比對過所有的案件、條件、價格、市場成交行情，他自己

心中會有優先順序跟價格的高低，一開始他會測試性對你出價、考驗經紀人的耐心用心程度還有能力，一般有80％的仲介就會在前兩關被淘汰了，因為要帶看很多案件，然後價格又出很低且好像不付買方服務費的樣子，所以只剩20％的業務在服務他，10％是有一股傻勁的認真熱血業務，有10％是「目色金」的業務，但又喜歡一股傻勁的業務服務他。所以你要讓自己變成那20％會成交的業務，再來就是那個要訣「能收斡就不要推，能來談就來談」。

二、因為價格跟案件都是買方指定的，所以你不會有欺騙跟隱匿事實的嫌疑。

三、在這些收斡旋退斡旋，當面談不成再談的過程中，你可以建立很足夠的辛苦度跟信任感，還有你跟買方的「革命情感」，到那最後他一定會跟你買賣跟付給你超出預期的買方服務費，而且他還會開始介紹身邊的親朋、好友跟你買賣房子，

因為你在過程中已經做了「感動式服務」了，只是你自己不知道而已，你所有的努力跟付出買方都會看在眼裡，放在心裡，嘴裡卻不說，所以往往「御用經紀人」「王牌經紀人」都是那少數5％～10％的仲介經紀人的原因，而且那些經紀人有時候看起來相貌平平、口才平平，但往往能創造出超額的業績，因為他們憑的是一股傻勁、一股熱情、一股全心全意，為客戶打拼的熱情，不做動作、話術、套路，憑的是「真心誠意」。

強協理提示

一個人的價值，應該看他貢獻什麼，而不是取得什麼。——愛因斯坦

如何成為最稱職的仲介

經營客戶的方法很多種，在仲介這行通常要三方兼顧，屋主、買方、公司，三方面都要顧到，如果你站在屋主的立場你可能會得罪買方，如果你站在買方的立場你可能會得罪屋主，中上的仲介可以兼顧買賣雙方，但是犧牲仲介服務費，犧牲了自己跟公司的權益，相信你的客戶也不希望你如此認真，辛苦卻沒有得到合理應得的報酬，但是要如何才能三方兼顧呢？

一、傾聽：是是是……但是，這就是厲害業務常用的方法，也就是「傾聽」客戶「真正」在意的需求，再加上自己的看法跟做法，然後引導客戶慢慢往成交的方向去邁進。

二、強力建議：以專業專家角度去建議買賣雙方，此種方法為強力銷售，專業型的業務常用的方法。

三、熱銷型業務：只是提供市場上最搶手物件給買方，造成飢餓行銷，因為有好案件，常常半年、

一年才會出現一到兩件。所以是票房保證，買方買到好房子，屋主順利脫手解決問題，公司得到應有的報酬，業務可以得到合理的獎金。

以上三種形式的仲介幾乎可以說就是很高竿的仲介了，而且只要你有其中一項特質，你可以說是TOP級的仲介了，但我個人認為這還不能稱得上客戶心中稱職的仲介，客戶心中最稱值的仲介應該是「好，我來盡最大的努力來幫您完成您的需求」，唯有幫買賣雙方跟公司做到最極限的狀態下，才能說是真正的三方兼顧，只要是損害其中一方的權益，寧可選擇不成交才是最稱職的仲介，所以你一定要常常把這句話掛在嘴邊，就是「好，我來幫您努力」，而且要說到做到，言行如一，如真的辦不到也要明講，寧可不要成交也不要做超出能力的承諾。

強協理提示

做仲介不一定要做最TOP的，但一定要做一個稱職的
「善良仲介」。

仲介當家

雞排指數

　　經濟學裡有一個理論叫大麥克指數。

　　在不動產仲介業，我認為有一個國民美食來衡量房地
產的價值，就是台灣最常吃的國民美食「雞排」。

　　當初二十年前一塊雞排只賣你25元，後來直到我加入房仲業後發現，當我買進第一間房子的時候，一塊雞排只賣你35元，那時我的房子價值700萬，隔年我的房子漲到850萬時我發現那時雞排一塊要價40元。

　　那時我剛當店長，我跟同仁分享如果雞排價格漲到50元時，我的房子應該會漲到1000萬，我同仁笑我這理論有些誇張，隔年雞排漲到45元，結果我的房子來到了950萬的成交行情，接下來神奇的事情慢慢發生了，雞排來到55元，房價拉高到1080萬，60元1150萬，65元1250萬，70元1380萬來到最高1450萬，之後通膨有些趨緩，雞排有出現一塊45元、50元的特價，那一陣子我的房子該棟大樓成交行情有幾回跌到1150～1200萬的成交行情，當然物價只會越來越高，所以精華地段的房子經過奢侈稅、房地合一稅，一波波修正後又陸陸續續漲回三年前、五年前的行情。

　　如果你真的想買房，一定要趁年輕多存點錢，趁著雞排漲到一百元以前趕快置產，因為我相信未來雞排一定會

漲到100元以上，好的地段好的房子也會不斷地上漲，不斷的增值。

可不可能，不是問題，而是來自你的行動。

圓夢

★ 故事──小菜與志明學長

志明學長在房仲業也從業了5年，一直以來都很照顧小菜我，學長為了讓小孩將來就學能在比較好的學區就讀，一路來小菜都一直幫忙注意好的學區是否又釋放出好的房源，希望有一天能幫助學長圓夢，買到好學區的房子，這天終於來了，我在拜訪一個老客戶時，由客戶那得知他的親戚孩子到北部上大學，他們想把學區房子賣掉，搬回郊外的別墅居住，小菜我一得知此消息，立馬請客戶引薦拜訪該屋主，了解此房源狀況並順利簽了委託，做了

整個屋況及產權調查。

　　並把此消息通知學長並與他老婆一同去看屋，這個學區就是學長他們一直在等的房子，只是房子釋出的機率很少，看了也非常滿意，但問題來了，明知道學長自備款有限、仍鼓勵學長找屋主談看看，如果真的是卡在仲介公司的服務費不能成交，我們仍然願意幫助學長圓夢。買方一度想要放棄，但是在大家的鼓勵下仍咬緊牙根加了一些些價格，明知道這一些些的價格可能是他兩個月的薪水，我們仍然告訴他今天的這些錢可以讓你的小孩未來接受更好的教育，你以後一定會為今天的決定而感到驕傲，終於在集合大家的力量順利的把這個案子簽約完成，幫助學長跟他老婆圓夢，仲介不會只想到自己的服務費先誠實再成交。

✪ 故事──把客人當朋友更當家人

　　剛入行仲介業時，當時店長跟我說一句話：「新人就是要熟悉商圈。」我心想我一個彰化來的對台中如此不熟

悉，所以為了熟悉商圈，能夠快速上手，於是當時每天進入公司打卡開完會後，我每天就是跑到當時離公司最近最熱門的逢甲商圈，一開始騎著我的摩托車，穿梭逢甲商圈各條大街小巷，熟知整個商圈的脈絡。

　　由於逢甲商圈是學區，所以周圍有很多的套房跟店面，只要看到街坊、鄰居就會與他們聊上幾句，當然不是每個人都願意理我，有些跟我聊個兩句就不理人了，有些根本不想搭理，不過我仍舊不論是夏天熱情的太陽或是冬天無情的寒風，甚至遇到台灣的梅雨季節我依然每天都到逢甲商圈去，了解現在哪一棟套房或店面要出租或出售，就這樣每天從早到晚，一直到有一天我看到有一棟新蓋好的套房正在整理中，我就上前去跟在現場的人員聊天，詢問這間舊透天改建套房的狀況，一開始我抱著沒有想那麼多的想法，只是單純的想了解這樣一棟透天改成100多間的套房的細節，畢竟剛入行什麼都不懂就好奇了解一下，也很感謝當時的那位先生很熱心地跟我分享很多，就這樣我還是每天都到逢甲商圈也每天都遇到這位先生，也許是大家都是南部出身的孩子特

別有話聊，聊著聊著就變得跟朋友一樣了，到最後我才知道原來他就是那100多間套房的房東。

　　後來有一天我接到這位房東打電話給我，說他有一個朋友住在雲林斗六想來台中置產投資，請我推薦適合他的物件，於是我與這對夫妻聯絡上了，知道他們夫妻倆都是公務人員，平常過著樸實簡單的生活，剛好有筆存款想做投資，選擇離雲林附近熱鬧的城市台中做為投資標地，於是我帶著這對夫妻開始了在台中的房地產投資旅程，也成為我入行仲介業的第一組南部客人，到現在認識這對夫妻10幾年，前前後後也已成交10幾筆房地產買賣，一直抱著感恩的心，與這對夫妻相處就像朋友一樣，甚至還常常休假時帶著老婆、小孩一起到斗六拜訪這對夫妻還一起出遊，一直到前幾年先生在一次的健康檢查中、被醫院檢查出身體不適時，我實在很擔心，當時他們還一直想來台中看房被我阻止了，我心想鄉下的醫療資源實在無法跟台中這樣的大都市相比，這對夫妻的小孩也都在外縣市打拼，於是我就開著車南下至斗六把他們接來台中榮總就醫，也

很感謝上帝保佑，先生的病情能夠控制下來，並且恢復健康，一直到最近我與這對夫妻仍舊秉持長年累積下的信任感，持續再交易不動產買賣，入行仲介業多年來的，更是希望能讓客戶感受到「**有我真好**」，除了買賣房子會想到我以外，還有其他的事也是我能夠服務的。

✪ 故事──從不幫客戶設限

　　與錢小姐認識是一種緣分，錢小姐一直在大陸經商，大約半年才回台灣一次，而要去大陸投資之前把原本的大房子賣掉了，但後來因業務上又開始跟台灣的廠商配合，所以每年會往返大陸至少3-5次以上，但基於個人習慣，也不方便一直住在親戚家，所以每次回台灣有時都住飯店，但住飯店也並不是那麼方便，所以她才又動起在台中置產一個小的住家當成回台灣時住的飯店，所以當時錢小姐的需求是一間2房的小公寓，她先找到某家房屋仲介公司，進門坐下來說明了她的需求要找的是一間2房的小房子物件，但該仲介跟她說，我們公司並沒有做這種小案子也沒打算

要幫錢小姐服務，就示意要送客，於是她心想離開台灣才短短3年台灣的房屋市場已經熱到不接小案件的生意嗎？

　　某天小菜我在公司正好值班，午休過後錢小姐一進門就問我，我要找的房子是2房的小房子你們做不做這種生意？我當時也被她這個言詞嚇到！我連忙說：「有啊，當然做啊！怎麼會開門不做生意呢？」

　　這時錢小姐才坐下來慢慢地聽我仔細的幫她介紹商圈及適合的房子，當天下午我整理好三套適合錢小姐的需求，並約好時間帶她去看房子，整個下午看完我精心為她挑選的房子後，有一間她目前適合的房子，價錢也合適、當天帶看、當天下斡旋。當天我真的太高興了，第一次帶看就下斡旋的客人眼看就要成交了，但問題來了，她唯一的要求就是她要還沒交屋時就要裝修，因為她待在台灣的時間有限，她要先發包好設計公司後再回大陸，但此時的屋主是首購族，原本買了這間房子是要自住的，後來因為太太工作調動產生了變化無法從新竹調回台中，因此就忍痛割愛把剛交屋的房子又要賣掉，因屋主本身沒有買賣經

驗，他覺得我的房子又還沒走完過戶程序，就要交給買方
去裝修，是否太冒險，因此雙方一度卡在這裡，案件無法
再進一步的進行，於是小菜我尋求店長的協助，當天晚上
趕夜車北上新竹與屋主面對面溝通，告知一些相關的法源
以及我們曾經做過類似的案件，並說明此種方式稱借屋裝
修，在買賣過程中由代書在合約內註明，這都是可行有保
障的方法，經過我跟店長的說明，屋主才接受錢小姐的要
求，此案件才在當天晚上順利圓滿簽約了，後來錢小姐因
我幫她買到自住的小房子後，我們也由客戶轉變成朋友，
後來她陸陸續續的在台灣置產，也一定諮詢我的意見，且
也都是小菜我幫她圓的夢，在買賣的過程中一定會碰到各
式各樣的問題，但我都一一去克服，永不設限自然就不會
辜負買賣雙方的託付。

✪ 故事──從同理心出發

回想自己成交的第一間透天厝，真實太有趣又感人
了，這間房子位於漢口路上五樓的透天厝，由於屋主年長

膝蓋老化，已無法每天再爬五層樓的樓梯來回在自己的住家內，所以想出售現在居住的透天厝，搬回自己的老家過養老生活，故小菜我與屋主聊天後知道這是屋主一生打拼的心血，對這間透天厝有深厚的情感，也希望下一個屋主能夠愛惜及照顧這間房子，所以即便很多仲介來找過屋主接洽，最後仍無下文，不過因為小菜我了解屋主的用心及需求，最後這個物件在開發後的第三天就成交了。

　　不過一直到簽約後，屋主老婆卻因捨不得想解約，此時開發經紀人及銷售經紀人都陷入僵局，於是小菜請屋主不如直接跟買方面談讓買方了解真實情況，有時候人生的方向盤真的很難掌握，買賣雙方一見面，馬上互相認出彼此，原來是已失聯多年的表兄弟，當年彼此因搬家及通訊軟體沒有像現在如此發達漸漸失聯，而此物件是買方觀察許久非常喜歡的物件，買方說他只能用4個字來形容就是命中注定，這個房子要由他來守護，當然即使再不捨，不過知道能夠把房子安心交給自己的親人甚至還找到失聯已久表兄弟，最後仍舊圓滿成交甚至是喜上加喜。

常常覺得身為一個仲介不光只是想著如何快速把房子賣出去,因為太多身邊的案例是遇到這樣的屋主不過卻被許多仲介為了快速成交,而把房子賣給了投資客在市場上炒房價,最後客人對此仲介印象大打折扣,甚至不愉快的案例比比皆是,而內心秉持著做人成功,做事才會成功的態度,不光只是想著如何讓自己成交,更能夠換位思考去了解買賣雙方需求,甚至做到比他們買賣雙方自己,更知道要買什麼樣子的物件,要秉持同理心的處事態度才更能夠讓事業細水長流。

✪ 故事──楊大哥的起家厝

在認識楊大哥時他已經看房子看了五年了,但一直都沒買,引起我對他的好奇心,於是跟他深入了解後才知道每次看房子他太太總是要問神明還要擲筊,但都沒有下決心購買,所以至今一直還沒找到理想的房子,因楊大哥目前租的店面要重劃且時間很緊迫需要搬遷,這次楊大哥跟我說他與太太商量好了,這次如果有喜歡的房子要作決

定，不要再問神明擲筊了，請我幫他們再整理他們適合的房子。

　　剛好公司有一個物件是在南屯區的一間透天，於是我帶著楊大哥夫妻去看這個物件時，無論地理位置及環境，還有價格他們都相當滿意，於是就帶著客人一起回店裡與店長討論細節及如何下斡旋的事宜，我開心的想這次終於要幫楊大哥圓夢了，但過幾天後接到電話了，楊太太說他還是不放心，這幾天都緊張的睡不著，還是決定要再去問神明還要擲筊，畢竟這個買賣金額不是小數字，於是這次小菜我就跟著他們去廟宇詢問，不過在擲筊的過程中一直都沒有結果，我心中也很緊張，此時楊大哥與太太商量後，他們決定再去下一間詢問，不過奇妙的是一樣是沒問出個結果，就這樣反覆大概擲了大概有50次，直到廟公在旁邊看著看著就對著楊太太說：「如果你們看很久的房子都沒有結果，而這一次看了就很喜歡而且也都很符合你們，其實就不用再到處問了，因為能夠遇見就是一種緣分。」楊大哥聽了廟公的分析，決定要回去考慮三天。

　　三天後，果真楊大哥來電說夫妻倆討論後的結果終於下定決心要買了這間透天厝，下午2點會到店裡討論細節，當天順利的成交了人生第一間起家厝。不過又在成交的不久後，有一天陰雨綿綿的下午，我接到楊太太的電話口氣相當不好說我欺騙他們，並說他們買的房子是凶宅，天啊！當時我也是覺得驚訝萬分，身為一個專業仲介都知道如果是凶宅一定要誠實以告，所以當時的我馬上連絡店長，並全店總動員詢問附近大街小巷的住戶後，在附近一個住在當地十幾年的住戶陳太太跟我們說凶宅是在隔壁巷子，不是這一條街更不是我們成交的這一間，於是我馬上聯絡客戶讓客人安心，並親自的帶著楊大哥夫妻一同去拜訪陳太太，了解整件事的來龍去脈，針對這件事前後與他們互相打了50通的電話，為的就是誠信。

　　身為一個仲介人員，我們賣的不光是一間房子，更是客戶的人生，而這間起家厝也成為了楊大哥夫妻的創業起點，透過這間透天開始創業，成為真正的起家厝，直到現在每回路過這店面，都可以看到絡繹不絕的客人在店門

口，心中真的是開心。做個讓客戶信任房仲，也讓每筆錢都賺得心安理得。

✪ 故事──幫王伯伯的家找到下一位好屋主

　　駐點時常會遇到住在附近的鄉親朋友跟我們說附近有哪一些物件屋主有意打算出售，這是一天下午小菜我與夥伴一起到附近的商圈駐點時，與客人聊天時客人說附近王伯伯有房子要出售，於是我與夥伴開始試著去找到了這個物件，了解之下這個物件，是原本的起家厝不過因為光所有權就有5個人，而這5個所有權人，也都已分別成家立業居住空間早已不敷使用搬出去居住，且已到退休年紀加上小孩也都在海外發展，故本就有意要處理這個資產，屋主也有委託給其他仲介業出售已有一段時間，但始終沒有屋主滿意的價格。

　　我們連絡上一位住在台中的所有權人後，於是我們針對房屋做了很多分析，當時在市場上同樣的區域中，高樓層、南北朝向、屋齡、格局，這間房屋的銷售價格是比

較偏高的，我們不斷的與屋主溝通討論，讓屋主實際了解周遭行情的成交價格，確實回報每次帶看客戶所遇到的狀況，颱風天時主動幫忙屋主巡視房屋檢查門窗，漸漸的屋主感受到我們與之前其他的房屋仲介業務不同，我們是認真的、用心的想幫他把房屋賣出，所以屋主願意相信我們的專業，聽我的建議把價格調整到符合市場的成交行情，而屋主給我們半年的專簽，就這樣才開始與夥伴強力行銷這個物件，以為就這樣順利成交了嗎？所有權人中的大姊因為捨不得這房子是她與父母與兄弟姊妹共同的回憶而捨不得，一度不想出售，不過也不願在將問題交給自己的下一代，於是在其他兄弟姊妹及小菜還有夥伴的安慰下，告訴大姊我們不把問題留給下一代，不過一起與家人相處的回憶是帶不走的，總算在專簽兩個月內，幫屋主順利找到不錯的買方，順利成交。

在這個案件身上我學習到的是，當我接了客戶的委託，如果只是把他放著不管，只等著買方來看到這個案件，是不會成交的，要用心的去服務客戶，好好分析房屋

的優缺點，遇到買方能即時想到符合客戶需求的房屋，了解周遭的成交行情、屋主出售的價格是否符合市場，再給屋主最適合的建議。我想透過我們的努力，如果屋主真的想賣房子，那在與屋主的溝通協調上，自然而然就會比較順利，成就感來自於幫助他人圓夢，讓他人得到幸福，這不是用錢可以衡量的。

✪ 故事——圓客戶成家的夢

剛進入仲介業服務的第二年，很多事情都還在學習的階段，還記得有次早上要帶客戶看房子前，因當天起的早所以臨時停在早餐車前買早點的過程中，得知了老闆娘施小姐正在為了考慮要買何處的房子而煩惱？

向施小姐表明自己是房屋仲介業務後，知道了她的資金預算、學區還有生活圈的需求後，我帶看完回公司後，收集了幾間市場上在出售、且符合施小姐需求的房子給她參考。之後我帶著她、她的家人們一起去看房子，在看了五間房子後終於看中了家人們都覺得很適合的三房，也決

定要下斡旋跟屋主出價，不過就在收了斡旋後發現施小姐她們買屋的困難處，由於她和先生都是自營業者並沒有薪資的證明，所以在自備款有限的情況下，要找銀行承辦貸款有一定的困難。但是她們說辛苦了好幾年就是希望能買到一間屬於自己的房子，所以拜託我幫她找願意貸款的銀行，於是我打去銀行一間間的詢問，如何可以幫客戶順利辦理貸款，終於在我打到第八間銀行說願意協助承辦房貸，那時我真的比中樂透還開心，心想終於又可往前再邁進一步了，後續也幫助她們跟屋主達成價格上的共識。

就在順利簽約完後，她們夫妻兩個人竟然感動到一度要下跪跟我與屋主道謝，但我趕快扶住買方，但是買方還是一直感謝，感謝我們幫她們完成了多年的夢想，買一間屬於自己的家。

在那個時候我才明白仲介存在的價值，不是成交了多少價格的豪宅或別墅，而是幫買賣雙方達成一個家的夢想，也堅定了我要繼續為客戶持續服務、努力下去的信念。

如何從仲介變房東

　　存股票、存基金、存保險，在我們這行當然是存房子。首先大家會說沒有自備款，哪來的頭期款？所以很多仲介朋友在從業五年八年甚至十年了，名下都還沒有房子，但是你如果有正確的概念跟方法那買房存錢就不再是「口號」！

三步驟帶你由仲介變房東

一　先求有再求好

二　提高收入拉長戰線

三　賣掉首購的第一間房

一、先求有再求好

以一個業績中上的業務來說，月收入會在6～8萬之間，好一點會在10萬以上，如果你夠認真，一定會在這級距的收入，如果你月存4萬到6萬，那一年後你會有48萬到72萬的頭期款，這時候你可以買進一間300萬到500萬之間的房子，以我們現在的貸款額度跟利率，這間房子一定比你跟房東租房划算。

二、提高收入或拉長戰線

如果你的收入可以拉到12萬以上，那月存10萬的速度你可以在第2年或第3年有150萬的自備款，如果無法拉高收入，那你必需拉長戰線到第4年才能買進第2間房，那時候你在這行也有些資歷了，不是幹部也會是店裡的優秀經理了。

三、賣掉首購的第一間房

以屋換屋！第5年時你的第一間房子已繳本金3年了，

所以賣掉第1間房，你會有一筆資金，這時候千萬不要太早吃棉花糖，去買車或買名牌、出國旅遊，你必需以房換房，換一間標準三房，這時候你就有一間自住，一間收租的房子了，保持月收8或10萬上下，在前五年你即可晉升為房東了。

同樣的方法保持高收入，所得年薪落在100～300萬之間，十年內你可以讓自己有三至五間房，方法不難重點在於執行力，如果你25歲入行，那35歲就可以選擇創業或做一個自由工作者。

小菜我個人是29歲入行平均年薪在200萬，所以我花了八年的時間達到上述的程度，如果你有心不管你是三十歲入行還是三十五歲入行，你在四十歲或五十歲時，一定可以有房子住、有房租可以收，成功有時候沒有祕訣也沒有捷徑，只有一步一腳印，一點一滴的累積，憑的是一股傻勁，持之以恆自然水到渠成。

只要有基本常識 人人都可以成為房東 關鍵在於有沒有看見這個可能性。

感恩的心

曾影響你生命的貴人

在仲介業沒有魔法只有基本功，但有一種正向的力量叫「感恩」，這一股力量會凌駕在魔法之上，很多成交大部分會來自這股力量，為什麼呢？因為一個人懷有感恩的心，他會相由心生，他的思考是正向的，他的語言也會是正向的，他的行為就自然是正向的，之後這些正向的行為會變成他的習慣，自然他也會養成良好的作業習慣，不管他做任何事只要能保持一顆感恩的心，自然他的行為語言都是正向的，不管是誰，都喜歡跟正向的人在一起，包括屋主、買方、同事、上司、下屬、朋友，所以自然會有很

多貴人願意幫助他，如果有很多人的幫助，那不管做任何事都能夠「事半功倍」，所以要時時刻刻保有一顆感恩的心。

那這些人就會化成一股正向的力量幫助你完成每一筆成交，完成每一個你想達成的目標，因為每一個人都喜歡幫助一位懷有「感恩之心」的人，所以你如果想成為一個成功的仲介，成功的人，一定要懷有一顆「感恩之心」。以上與同在仲介業打拼的你共勉之。

強協理提示

有時候我們內心的火焰熄滅了，而另外一個人提供的火花讓它重新點燃。對於那些能夠重新點燃我們心靈之火的人，我們將會永遠感激。——史懷哲（諾貝爾和平獎得主、醫療傳教士及哲學家）

國家圖書館出版品預行編目資料

翻轉吧！房仲菜鳥／李逸強、李姿穎著. --初
版.--臺中市：白象文化，2020.9
　　面；　公分
ISBN 978-986-5526-59-7（平裝）
1.不動產業 2.仲介
554.89　　　　　　　　　　　109009261

翻轉吧！房仲菜鳥

作　　者　李逸強、李姿穎
校　　對　李逸強、李姿穎
插　　畫　沈芳如
發 行 人　張輝潭
出版發行　白象文化事業有限公司
　　　　　412台中市大里區科技路1號8樓之2（台中軟體園區）
　　　　　出版專線：（04）2496-5995　傳真：（04）2496-9901
　　　　　401台中市東區和平街228巷44號（經銷部）
　　　　　購書專線：（04）2220-8589　傳真：（04）2220-8505
專案主編　陳逸儒
出版編印　林榮威、陳逸儒、黃麗穎、水邊、陳婵婷、李婕
設計創意　張禮南、何佳誼
經紀企劃　張輝潭、徐錦淳、廖書湘
經銷推廣　李莉吟、莊博亞、劉育姍、林政泓
行銷宣傳　黃姿虹、沈若瑜
營運管理　林金郎、曾千熏
印　　刷　基盛印刷工場
初版一刷　2020年9月
初版二刷　2021年6月
初版三刷　2022年9月
定　　價　220元

白象文化　印書小舖　出版・經銷・宣傳・設計
www·ElephantWhite·com·tw　自費出版的領導者　購書 白象文化生活館